UWE JACOBSHAGEN   PETER TRAUB

EIN SPAZIERGANG AN DER SAALE

UWE JACOBSHAGEN (FOTOGRAFIE)   PETER TRAUB (TEXT)

EIN SPAZIERGANG AN DER SAALE

VOM PFINGSTANGER ZUM GALGENBERG

mitteldeutscher verlag

INHALT

Wiesenhang bei Röpzig

DIE SAALE-ELSTER-AUE UND DAS HALLESCHE SAALETAL

Die sensiblen, großen Auenflächen an der Weißen Elster und der Saale sind in manchen Teilen noch ohne Infrastruktur und nicht von Pfaden und Verkehrswegen zerteilt. Beinah meint man, in eine andere Wirklichkeit einzutauchen. Etwa so lange, bis die neue Hochgeschwindigkeitsstrecke der Bahn vor einem aufragt, die sich wie ein breiter, weißer Strich durch das Landschaftsbild zieht.

Die Auen mit den sanften Hügeln und Senken, Wolken und Sonnenlicht spiegelnden Wasserflächen, ihren Weihern, Röhrichten, Tümpeln und bis zum nächsten Hochwasser verkrauteten Flutrinnen genügen sich selbst, soweit der Mensch es zulässt. Hier am Zusammenfluss von Saale, Luppe, Stillem Wasser bzw. Gerwische und Weißer Elster haben die Dynamik rasch wechselnder Wasserstände und die wiederkehrenden Hochwasser im Frühjahr und Herbst oder Winter großen Einfluss auf den Landstrich.

Dieses Wasser ist ein sehr alter Schatz der Stadt Halle und ihres Umlandes. Und sehr alt sind die Erfahrungen mit dessen hilfreichen sowie auch bedrohlichen Seiten, die sich in den Legenden und Sagen über die Nixen und Nixe widerspiegeln. Mal sind die Nixe hübsche, lebhafte Knaben mit grünen Zähnen, mal sind es aber auch wutschnaubende Männer, die man schnell vergessen möchte. Sie überschwemmen die alten Wälle im Elstertal, erschrecken an den Brücken der Stadt Halle die Menschen oder entführen sie auf den Grund des Flusses.

Die lieblichen Nixen dagegen vertreiben sich die Zeit singend an den Ufern von Giebichenstein, Kröllwitz und Trotha. Sie genießen die Sonne, breiten ihre Wäsche in den Zweigen der Uferweiden und auf den Wiesen aus, und wenn sie getrocknet ist, springen die Nixen damit vergnügt in das Wasser zurück. So schön sie sind, ist ihre Zuneigung aber nie ohne Gefahr für den, den sie wählen.

Begegnen die Menschen ihnen dennoch freundlich, ziehen sie nachts das Wasser mit ihren langen Haaren aus den Solebrunnen und man kann am nächsten Tag das wertvolle Salz schöpfen. Fällt ein Kind in den Fluss, tragen sie es an das Ufer zurück. Und sie lehren die Menschen das Schwimmen. So erzählen die Legenden und Sagen bis heute von der Wechselbeziehung zwischen Wasser und Mensch in der Saale-Elster-Aue und dem halleschen Saaletal.

Mit etwas Glück entdeckt man im Auengebiet einen Eisvogel, den Wachtelkönig oder die Knoblauchkröte, welche hier ihren Nachwuchs aufziehen. Auch Störche, Braunkehlchen, Rallen, Schwarz- und Rotmilane zählen, neben vielen anderen, zu den seltenen und gefährdeten Arten, die ihren Lebensraum in den Auenwäldern und Uferweidengebüschen, an den Quellfluren, Altgewässern und Verlandungsflächen gefunden haben.

Im „Kollenbeyer Holz", einem naturnahen Auenwald entlang der Luppe und der Saale, nistet Sachsen-Anhalts größte Kolonie Graureiher. 2004 übernahm eine Naturschutzstiftung fast das gesamte „Kollenbeyer Holz" von der Treuhand, und die großen alten Bäume des Waldes blieben seitdem weitgehend sich selbst überlassen.

Im Mai und Juni blüht auf den Feuchtwiesen eine der schönsten einheimischen Wildblumen, die Sibirische Schwertlilie, auch Wiesen-Schwertlilie genannt. Die nur noch selten vorkommende Pflanze erreicht eine Wuchshöhe von einem Meter. Ihre blaue Blüte mit den stark geaderten Blütenblättern und dem gelb gefärbten Blütengrund schwebt dann wie ein großer Schmetterling über den Gräsern.

Um die Landschaft, soweit möglich, vor einer weiteren Verbauung zu bewahren, wurde sie auf einer Fläche von insgesamt 2 314 Hektar unter Schutz gestellt. Sie reicht von der Saale-Elster-Aue, über das Saaletal innerhalb der Großstadt Halle, bis nach Lettin.

DER PFINGSTANGER

Von der Anhöhe geht der Blick über den nahen Fluss, der um den Pfingstanger eine weite Schleife zieht, über seinen Waldsaum, die Wiesen, den Deich und aufgegebenes Kasernengelände. Die neuen Wohngebiete Wörmlitz-Kirschberg und Wörmlitz-Pfingstanger wachsen hier allmählich zusammen.

1121 wurde die Ortschaft Wörmlitz erstmals erwähnt. Ihr heller Sandstein war im Mittelalter ein

begehrter Baustoff in Halle. Mit seinem Nachbarort Böllberg lag Wörmlitz vor dem Hamstertor der Saalestadt. Noch heute gelangt man über die historische Wegführung entlang des Böllberger Wegs und der Glauchaer Straße in das Stadtzentrum.

Pfingstanger und Pfingstwiese nannte man früher das Gemeindeweideland, auf das man in der Pfingstwoche das Vieh trieb. So war es in der Stadt

Die Silberhöhe

Auf dem Deich am Pfingstanger

Pfad am Pfingstanger

Halle und auch im Saalkreis Brauch, sagt die Legende. Jedem ging es darum, mit seinen Tieren als Erster auf dem Weidegrund einzutreffen. Wer zuletzt dort ankam, wurde als der sogenannte „Pfingstschwanz" das Ziel des allgemeinen Spottes. Auch das Pfingstfest fand auf dem Gemeindeweideland statt, mit seinen Tänzen, Spielen und dem Pfingstbier.

Jetzt ist der Pfingstanger bei Wörmlitz ein 125 Hektar großes Naturschutzgebiet. Es gehört zu der geschützten Landschaft des halleschen Saaletals und damit zu einem der wertvollsten Areale im ökologischen System der Stadt. Bei Hochwasser werden Teile dieses Landstrichs immer wieder überflutet und eignen sich nicht für eine intensivere Nutzung. Sie bieten Tieren und Pflanzen einen Rückzugsraum, etliche davon stehen auf Sachsen-Anhalts Roten Listen für gefährdete Arten.

Flussaufwärts fallen die Sandsteinhänge des Wörmlitzer Kirschberges, wo das Mittlere Zittergras mit seinen herzförmigen Ähren blüht, zur Saale hin ab. Flussabwärts breitet sich Auenwald aus, in dem Eichen und Ulmen wachsen, auch Weiden, Weißdorn, Rosen und Holunder. Im Winter finden am Pfingstanger Tausende Enten einen Rastplatz. Neuntöter, Sperbergrasmücken und Nachtigallen brüten im Sommer im Gebiet und es gibt eine Fülle von Schmetterlingen, Käfern und Insekten.

Weiter im Norden hat die Saale zweimal einen mächtigen Felsriegel durchbrochen, am Unteren Halleschen Porphyr, zwischen Weinberg und dem Heinrich-Heine-Felsen, und am Oberen Halleschen Porphyr, zwischen Kröllwitz und Giebichenstein. Das Tal verengt sich unterhalb der Burg Giebichenstein auf etwa achtzig Meter und all der Wasserreichtum, der vor dem Pfingstanger in die Saale einfließt, muss an dieser Stelle wie durch ein Nadelöhr. Bis an die Stadtgrenze bei Trotha prägt dann die raue Schönheit der Porphyrfelsen das Flusstal.

DER PESTALOZZIPARK

Fickelweg, Kornfelder, Gärten —

Vom Böllberger Weg zweigt die Diesterwegstraße zur 1926 bis 1931 erbauten „Gartenvorstadt Gesundbrunnen" ab mit ihren nicht allzu hohen Wohngebäuden und Haus- und Schrebergärten. Den sechzig Meter breiten Grünstreifen in ihrer Mitte legte man schon während des Baugeschehens an. Er durchzog die Vorstadt ab dem ehemaligen Gut Böllberg und ist heute ein Teil des Pestalozziparks.

Der Gartenarchitekt Franz Mengel gestaltete die Anlage, welche über die Pestalozzistraße und die Diesterwegstraße hinwegreicht. An der höchsten Stelle des Geländes entstand die Diesterwegschule. Mit ihrer Planung wurde Magistratsbaurat Wolfgang Bornemann beauftragt. Dieser befürwortete die Architekturströmung, deren Impulsgeber das Bauhaus in Dessau war. So erhielt die Schule ihr ganz auf den Zweck gerichtetes Aussehen.

Der Park, der an der Schule vorbeiführt und den Alltag der Schüler durch die Unterrichtsmöglichkeiten im Grünen bereichert, erstreckt sich über eine Länge von 850 Metern; könnte man ihn aus der Vogelperspektive betrachten, würde man feststellen, dass seine Gestalt einem schlanken Baumstamm mit einem großen Wurzelballen ähnelt. Obwohl das Straßennetz den Park in einzelne Flächen trennt, verleihen ihm die durchlässigen Blick- und Wegbeziehungen einige Tiefe. Das 13,5 Hektar große Terrain ist in Wiesen, die von Eichen oder Birken umstanden sind, und in Blumengärten gegliedert.

Die jüngste Erweiterung erfuhr der Pestalozzipark im Jahr 2001. Er verfügt über Wegverbindungen

Wiese im Pestalozzipark

Der Dahliengarten im Pestalozzipark

Birkenhain im Pestalozzipark

Detail eines Wehrüberlaufes

zur Südstadt, eine Festwiese und einen Naturlehrpfad. Seine Brunnen in Straßennähe werden oft als Treffpunkte für Verabredungen genutzt. Beliebt bei den Besuchern sind die Frühlingsblumen- und die Dahlienschau sowie die Blüte der Zierobstbäume. Und die Anwohner erzählen gern von dem Fest, das sie jedes Jahr in ihrem Park feiern und welches traditionell mit einem Feuerwerk endet.

DER KLANG DES WASSERS

Wer auf dem Saale-Kanal an Michaela Schmidts Seite bleiben will, braucht ein schnelles Motorboot oder gehört wie sie zu den deutschen Spitzensportlern im Rudern. Die junge Athletin trainiert mit Anne Becker im Zweier. Auf ihrer Leistungsstärke ruhen nicht wenige Hoffnungen des Deutschen Ruderverbands.

„Ich komme aus Weißenfels und habe als Zehnjährige auf der Saale mit dem Training begonnen. Wasser fasziniert mich, weil es sich ständig verändert, der Wind seine Oberfläche kräuselt oder die Landschaft sich darin widerspiegelt. In der Natur bin ich gern unterwegs. Die schönste Jahreszeit an der Saale ist der Frühling mit seinen Morgennebeln und der Stille, die davon ausgeht. Nebel ist ein bisschen wie Schnee, er scheint die Geräusche zu dämpfen. Durchdringt ihn die Sonne und der Nebel löst sich auf, freut mich das am meisten.

2004 ging ich an die Sportschule nach Halle. Das Rudern ist mir viel lieber als ein körperlich-konfrontativer Sport wie zum Beispiel Handball. Mein Tag beginnt sieben Uhr. Nach dem Frühstück bereite ich mich auf das Training vor. Acht Uhr verlasse ich das Haus und steige auf mein Fahrrad. Ich wohne in der Nähe des Pestalozziparks, den ich sehr mag. Schnell kommt man von dort auf den Böllberger Weg, ich fahre über die Hafenbahnbrücke, durch die Untere Aue und schon bin ich bei den Bootshäusern.

Wir besprechen mit dem Trainer, was am Tag erreicht werden soll, die Kilometer, die Belastung, holen die Riemen und unser Boot. Immer um 8.30 Uhr heißt es für Anne und mich: Fuß vom Steg. Und zwanzig Kilometer auf dem Kanal liegen vor uns, von Montag bis Samstag. Am Nachmittag folgt das Gleiche noch einmal, nur mittwochs haben wir frei. Falls wir keine Wettkämpfe haben, auch sonntags. Wir trainieren, egal ob es regnet oder die Temperatur bei null Grad Celsius liegt. Seit neun Jahren bin ich auf der Strecke und kenne am Ufer jeden Meter. Ein bestimmter Baum zeigt mir, dass es noch acht Ruderschläge sind, bis wir wenden müssen."

Michaela Schmidt streicht über die Schwielen an ihrer Linken. Sie bemerkt den Blick ihres Gegenübers und lacht. „Ruderinnenhände. Nur im Urlaub geht die Hornhaut weg", sagt sie und lässt die Hände sinken. „Sind wir mit dem Boot erst einmal auf dem Wasser, geht der Puls schnell hoch. Wir konzentrieren uns ganz auf das Rudern. Die Natur an der Saale genieße ich eher auf dem Weg zur Übungsstrecke oder nach Hause, wenn die Stoppuhr mich nicht drängt.

Kurz nach dem Abstoßen vom Steg ist es um uns noch ruhig. Das ist ein sehr intensiver Augenblick.

Bringen wir unsere Kraft auf das Wasser, wird es lauter. Natürlich wollen wir so wenig Widerstand wie möglich erzeugen. Wir hören an einem kleinen Plätschern am Heck, wenn das Boot optimal durchläuft. Es ist ein besonderer Klang. Wir wissen dann, das wird eine sehr gute Zeit.

Ich bin jetzt 23 Jahre alt und studiere neben dem Leistungstraining an der Hochschule für Gesundheit und Sport in Berlin. Kehre ich von internationalen Wettkämpfen nach Halle zurück – 2013 haben wir aus Sevilla eine Silbermedaille mitgebracht –, spüre ich, dass es mir sehr vertraut ist. Alles kann man zu Fuß erreichen oder mit dem Rad, nichts ist zu weit weg. Wie die Wilde Saale an der Rabeninsel, die ich oft besuche. Dort hört man, wenn es still ist, die Ruderer am Saale-Kanal."

DIE RABENINSEL

In Halle flussab zu gehen, gleicht einer Reise durch die Zeit. Man kommt an Siedlungsflecken vorbei, deren stiller Reiz zur Entdeckung einlädt, begegnet geschützten Erholungsräumen für Natur und Menschen, verletzlichen Uferlinien und alten Industriekomplexen, die sich als

Zeugen der großen Industrialisierungswellen, welche durch die Saalestadt rollten, nun verlassen im Wasser spiegeln wie die Böllberger bzw. Hildebrandsche Mühle. Als romantische Flussspiegelung ist die Wirkung ihres Verfalls verblüffend anziehend. Aber es genügt ein Stein-

Die Böllberger bzw. Hildebrandsche Mühle

Das Wehr an der Südspitze der Rabeninsel

Die Wilde Saale nördlich der Rabeninsel

Die neue Brücke zur Rabeninsel

wurf, um die Illusion in konzentrischen Kreisen aufzulösen.

Seit 2000 ersetzt südlich der Kreuzung Böllberger Weg und Diesterwegstraße eine Brücke die Fährverbindung zur Rabeninsel. Viele Motorboote liegen dort am Ufer der Saale. Geht man über die Brücke und durch die Glasschiebetür an ihrem Ende, ist man – mitten in der Großstadt – plötzlich in der Wildnis.

Früher wurde die Rabeninsel auch „Krähenholz" genannt. Noch immer ist sie im Winter der Schlafplatz für Tausende Saat- und Nebelkrähen, Dohlen, Raben und andere Vögel. Von der Wilden Saale und dem Saalehauptarm umschlossen, erstreckt sie sich über eine Länge von 1,2 Kilometern. Sie hat eine Fläche von 41 Hektar und ist Teil des Naturschutzgebiets „Rabeninsel und Saaleaue bei Böllberg". Ihr Wald mit den über 200-jährigen Stieleichen zählt zum wertvollen Auenwaldbestand der Stadt. Hier streift man das zarte Wald-Flattergras, entdeckt den seltenen Aufsteigenden Amaranth und kostet schadlos die Indische Scheinerdbeere. Im Mai oder Juni leuchten die rosaroten Blüten der Kuckucks-Lichtnelke durch das Grün und es erklingt der Gesang des Buchfinken, der Singdrossel und des Zaunkönigs.

Am Weg auf die Untere Aue und zum Saale-Kanal reicht ein Wehr bis an das Stadtufer zur Böllberger

Mühle. Hier befindet sich die Schleuse Böllberg. Ruder- und Kanusportvereine wie die Hallesche Rudervereinigung Böllberg von 1884 und Nelson von 1874 trainieren auf den nahen Flussabschnitten bis zum Wehrgefälle. Auf dem Gelände des Vereins, am gegenüberliegenden Ufer, hat heute das Bundes- und Landesleistungszentrum Rudern Magdeburg-Halle sein Quartier.

Die Insel gehörte einst dem Kloster Neuwerk, später ging sie in den Besitz des Zisterzienserklosters St. Georg über. Für die Ratsherren der Stadt und die Halloren war es lange Zeit Brauch, Wallfahrten auf der Saale an jene Stelle zu unternehmen, wo das berühmte Wasser des „Heiligen Borns" an der Uferseite der Stadt eingeleitet wurde. Dort befand sich eine viel besuchte Kapelle. Ihre Wände sollen mit den zurückgelassenen Krücken der vom Wasser Geheilten dicht behängt gewesen sein. Der „Heilige Born" hieß ab 1646 „Gesundbrunnen".

Durch die Reformation veränderte sich der Brauch der Wallfahrten, man fuhr nun lieber zur Rabeninsel, die das Amt Giebichenstein in der Zeit der Reformation übernommen hatte. Ihre Erschließung für die Naherholung begann etwa 1840. Es wurden Wege angelegt und eine Gastwirtschaft eingerichtet. 1929 kaufte die Stadt Halle die Insel, die inzwischen ein beliebtes Ziel für Ausflügler war.

DIE PULVERWEIDEN

Auf die sogenannte Pulverweideninsel, die zwischen dem Saalehauptarm und der Elisabethsaale liegt, kommt man von der Unteren Aue über die Hebewerkbrücke. Sie ist nicht weit entfernt von der Hafenbahnbrücke, welche in der Nähe der Freyberg-Brauerei, die einst die größte Privatbrauerei Mitteldeutschlands war, die Stadtseite mit der Insel verbindet. 1996 wurde die Freyberg-Brauerei als Teil des letzten selbstständigen Brauereibetriebs in Halle, der Meisterbräu GmbH, aufgegeben. Trotz der Vernachlässigung erinnert ihre fein gegliederte Jugendstilfassade an einen kleinen Palast am Wasser.

Nur die Südhälfte der Insel nennt man die Pulverweiden. Den Namen erhielt das Gebiet von der im 16. Jahrhundert erbauten Schießpulvermühle. Ein alter Steinweg – heute verläuft an dessen Stelle die Mansfelder Straße – trennte schon damals das Terrain in einen südlichen und einen nördlichen Teil. Im Norden befanden sich die Pfingstwiese – nun ist dort der Sophienhafen – und die Jungfernwiese. Hier entstand auch die Königlich-Preußische und später pfännerschaftliche Saline, in der man inzwischen das Technische Halloren- und Salinemuseum Halle eingerichtet hat.

1172 wurde die Gegend noch „Morastteich der Saale bei der Hohen Brücke" genannt. Sie war damals ein Sumpfgebiet, das Weiden umgaben. Johann Christoph von Dreyhaupt bezeichnete sie 1750 als „Jungfernweiden". Der Magdeburger Erzbischof Wichmann von Seeburg-Querfurt schenkte im 12. Jahrhundert dem Kloster Neuwerk das Land und die Mönche errichteten darauf eine Mühle. Die Stadt Halle beschwerte sich, weil die Mühle ihr das Wasser ableitete, und das Kloster riss sie für 200 Mark Silber, welche die Stadt zahlte, 1225 wieder ab. Von da an gehörte das Grundstück zum städtischen Besitz.

Anfang des 16. Jahrhunderts ließ der Magistrat die Pulvermühle bauen. Benedikt Leumann pachtete sie 1545 für die jährliche Abgabe von zwei Zentner Schießpulver. Der Stadtrat erlaubte ihm auch, eine Salpeterhütte nördlich des alten Steinwegs auf der Landfläche der ehemaligen Deutschritterkomturei St. Kunigund anzulegen.

Die Geschichte der Pulvermühle war im Wesentlichen eine Geschichte sich wiederholender Explosionen und Brände. Wegen der vielen Zerstörungen verkaufte die Stadt sie schließlich. Sie kam für längere Zeit in den Besitz der Familie Denner. August Denner errichtete neben ihr eine Papiermühle. 1706 brannte die Pulvermühle ab und wurde nicht wieder aufgebaut. Die Papiermühle gab man 1712 auf.

Die Wilde Saale an der Rabeninsel

Die Untere Aue

Der Saale-Kanal

Damals war das Areal noch dicht bewaldet. Ab 1820 rodete man immer größere Flächen und legte Wiesen an. Die ersten Promenadenwege entstanden um 1910. In der jüngeren Vergangenheit wurde der verlandete Pulverweidenteich wiederhergestellt, die Promenaden auf der alten Hafenbahnstrecke und am Saaleufer neu gestaltet und auenwaldtypische Bäume und Sträucher angepflanzt. Seit 1995 ist die 10,9 Hektar große Südhälfte der Insel ein geschützter Landschaftsteil, den auch feuchtigkeitsliebende Laufkäfer durchqueren wie Blethisa multipunctata, dessen dunklen Panzer punktartige Einbuchtungen zieren.

DER HOLZPLATZ

Nördlich der Pulverweiden befindet sich der Holzplatz. Hoch über den Baumkronen dreht sich auf dem Schornstein des ehemaligen Elektrizitätswerks das Zeichen eines Automobilherstellers. Vor und in den sanierten Kraftwerkshallen glänzen Chrom und Lack der neuen Kraftfahrzeuge. Und wie der riesige Zeiger einer Sonnenuhr bewegt sich der Schatten des Schornsteins über den Platz.

Seit 1904 verbindet die Genzmer Brücke die Insel mit der Stadtseite, wo sich die Park- und Wohnanlagen des Hospitals St. Cyriaci et Antonii, einer über 700-jährigen Stiftung der Stadt Halle, am Ufer ausdehnen. Das spannungsvolle Gegenüber von resolut wie klug nachgenutzter Industriearchitektur und gepflegter Gartenlandschaft an der Saale, die unter alten Buchen und Eichen zum

Verweilen einlädt, lässt manchen Fußgänger oder Radfahrer anhalten.

Dem Platz gab das große pfännerschaftliche Holzlager den Namen, welches sich von der Saline an der Mansfelder Straße in Richtung der Pulverweiden erstreckte. Die Pfänner besaßen das jahrhundertealte Recht, das für den Salinebetrieb benötigte Holz auf dem östlichen Ufer der Insel zu lagern. Aufgrund eines Vergleichs mussten sie der Stadt ein Drittel des Geländes abtreten. So entstand neben dem pfännerschaftlichen Holzplatz ein städtischer. Bei diesen Stapelplätzen begann 1817 der Bau der Stadtschleuse. Sie wurde 1819 dem Schiffsverkehr übergeben.

Als Ersatz für die alte Gasanstalt an der Hafenstraße ließ der Magistrat 1889 bis 1891 die neue Gasanstalt auf dem Holzplatz errichten. Der Gebäudekomplex umfasste Ausladeplätze, Maschinenhallen, Kohleschuppen, Gasspeicher und die Wohnhäuser der Angestellten mit ihren kleinen Vorgärten. Diese Industrieanlagen dehnten sich durch den Bau des Elektrizitätswerks, in den Jahren 1900 bis 1901, bis an die Pulverweiden aus. Das Kraftwerk belieferte zuerst die Großindustrie und Handwerksbetriebe. Bereits 1902 entschied sich Halle für eine elektrische Straßenbeleuchtung und wie in anderen rasch wachsenden Industriestädten vollzog sich bald die flächendeckende Elektrifizierung.

DER SOPHIENHAFEN

Hinter der Brücke über den Kotgraben, dessen Name sich von den Salzsiedehütten der Pfänner, einst Salzsiedekote bzw. -katen, herleitet, erblickt man bereits die Parkanlage der Würfelwiese am anderen Ufer des Saalehauptarms. Nach Westen öffnet sich der Sophienhafen und es verblüfft die Ruhe, die an seinen Kais herrscht. Kein Kreischen der Schneidemühle vermischt sich mehr mit den Pfiffen der ein- und ausfahrenden Dampfschlepper und -boote, keine Hafenbahn bewegt die Umschlagsgüter auf ihren Schienensträngen von den Ausladeplätzen zu den Speichern und Lagerräumen.

Weder betreibt die Halle-Hettstedter Eisenbahn-Gesellschaft mehr den Ladeplatz für die Hafenbahn an der Wilden Saale, noch schließt sich daran das ehemals 7 500 Quadratmeter große Terrain

des Halleschen Speditionsvereins an, der sich 1895 nach der Eröffnung der Halleschen Hafenbahn gegründet hatte und der über Dampf- und Elektrokräne sowie etliche große Lagergebäude verfügte. Der Verein besaß eine eigene Zollabfertigung und ein Transitlager. Auf seinem Gelände lagerten die Deutsche Vacuum-Öl-Gesellschaft, die Zentralgenossenschaft, die Reederei der Saaleschiffer sowie die Schifffahrtsgesellschaft ihre Waren. Große Doppelschraubendampfer brachten das Eilgut von Hamburg nach Halle. Am Hafenbecken stand der Getreidespeicher der Kornhausgenossenschaft neben den Anlagen der Deutsch-Amerikanischen Petroleum-Gesellschaft und der Deutsch-Russischen Naphta-Import-Gesellschaft.

Der Hochspeicher, mit modernen Loftwohnungen in seinem Inneren, ragt heute als dominantes

Die Südspitze der Pulverweiden

Die Hafenbahnbrücke

Das Gasometer am Holzplatz

Der Sportboothafen an der Elisabethsaale

Zeichen des intensiven Wandels am Sophienhafen auf. Die früheren Industrie- und Hafenbereiche verwandeln sich zügig in ein flach bebautes Wohngebiet mit Wassergrundstücken. Neben den alten Eschenbeständen stehen Ahornarten, Linden, Pappeln, Weiden und Holunder. Auch die Blüten des Götterbaums ziehen im Sommer Honigbienen an. Gegen die wuchernde Waldrebe und Brombeere behaupten sich stellenweise Beifuß, Goldrute und der Rainfarn mit seinen gelben Blütenköpfen. Die bis zu viereinhalb Zentimeter große Zwergfledermaus und der Große Abendsegler, die beide zur Familie der Glattnasen gehören, begegnen sich nachts hier in der Luft.

Um 1200 hatte der Magdeburger Erzbischof Ludolf von Kroppenstedt das Land, auf dem heute die Kais liegen, dem Deutschritterorden geschenkt, der ein Hospital für Kranke und Pilger zu Ehren der heiligen Kunigunde, der Gattin Kaiser Heinrichs II., einrichtete. Hochwasser beschädigten immer wieder das Hospital und es mussten Spenden für den Wiederaufbau gesammelt werden. Die Ordensritter gaben dafür einen Ablass von 40 820 Jahren, berichtete Dr. Siegmar Baron von Schultze-Galléra.

Im 15. Jahrhundert verschlechterte sich allmählich der Ruf des Hospitals, zu viele Gasthäuser, in denen auch Dirnen ihre Dienste anboten, waren

Der Sophienhafen

Auf der Elisabethsaale

in immer größerer Nähe entstanden. Und die Zahl dieser Spelunken, wo man „Puff" genanntes Braunbier ausschenkte, das man später aus gutem Grund „Muff" nannte, wuchs rasch weiter.

Als die Ordensritter den Scharfrichter erschlugen, begann eine längere Auseinandersetzung mit den halleschen Ratsherren, die mit dem Verkauf des Ordensbesitzes an die Stadt und an das Kloster Neuwerk endete. Sämtliche Ordensgebäude wurden abgerissen und eine große Wiese angelegt, die man lange als Pfingstwiese nutzte. Schon 1555 wurde das Volksfest zu Pfingsten erwähnt, das man auf der neuen Wiese feierte, mit dem Armbrustschießen auf die Vogelstange.

EINE MÖWE AUF DEM FLUSS

Nicht jeder, der an der Saale spazieren geht, trifft Dr. Thomas Müller-Bahlke. Aber dem, der ihm begegnet und der den Direktor der Franckeschen Stiftungen danach fragt, gibt er bereitwillig Auskunft über seine Sympathie für den Fluss und über ein Boot, welches ihn und seine Familie in der Freizeit seit vielen Jahren über das Wasser trägt.

„Ich glaube schon, dass Halle, seine Besiedlung und Geschichte, von der Saale, ihren Wasserarmen und den vielen Inseln geprägt ist. Und dass die Landschaft des Flusstals sehr prägnant und eigen ist." Dr. Thomas Müller-Bahlke sagt es und schaut konzentriert geradeaus, ein wenig höher, als sich das Gesicht des Gesprächspartners befindet. „Aber ich halte nichts von einem direkten oder auch nur indirekten Vergleich mit den Nach-

barstädten. Das hieße für mich, sehr Unterschiedliches vergleichen zu wollen mit seinen völlig anderen Prägungen und Potenzialen. Ich finde, dass Halle ganz besondere Merkmale besitzt, und dazu gehört auch der schöne Fluss, der längst nicht so im öffentlichen Bewusstsein ist, wie er es verdient. Obwohl jetzt an einigen Stellen wieder gebadet wird."

Sein Blick sinkt bis auf Augenhöhe des Gegenübers: „Dass Halle, ehe die Verschmutzung durch die Industrie überhandnahm, am Fluss viele Badeanstalten besaß, ist mir nicht nur aus der Arbeit im Verein für hallische Stadtgeschichte bekannt. Meine Familie väterlicherseits stammt von hier und meine Tante und mein Vater haben mir oft erzählt, wie gerne früher in der Saale gebadet wurde. Doch das zurückliegende Jahrhundert mit seiner Industriegeschichte hatte ja schließlich Einfluss auf die Qualität der meisten Gewässer Deutschlands. Ich habe das Glück, mit meiner Familie heute in der Nähe zum Wasser zu wohnen: im Mühlwegviertel. Die Saale ist mir deswegen so sympathisch, weil sie ein sich ruhig dahinschlängelnder, fast lieblicher Fluss ist. Einer der schönsten Orte für mich ist das Ufer gegenüber der Rabeninsel. Dagegen hat die Elbe fast etwas Unheimliches. Sie ist kaum beherrschbar für Schwimmer und Bootswanderer, jedenfalls nie wirklich ohne Gefahr, selbst für größere Motorboote."

Von dem Thema angeregt, fährt er fort: „Das ist der Grund dafür, warum ich mich in einer Saison eher scheue, von Halle bis in die Berliner Seen und zurück zu fahren. Weil man über die Elbe muss.

Ich war da schon unterwegs und das Tiefensonar schlug immer wieder an, weil der Bootskiel ganz knapp über dem Flussgrund war.

Unser Boot, die ‚Möwe', hatten wir lange Zeit am Böllberger Ufer liegen, dort wo die Fußgängerbrücke zur Rabeninsel hinübergeht. Es ist ein achteinhalb Meter langes Kajütboot, ein holländischer Werftbau, und wird von einem OM 636 angetrieben. Das ist ein Dieselmotor, der wegen seiner Langlebigkeit berühmt geworden ist. Die Antriebsleistung beträgt vierzig PS, der Tiefgang des Bootes liegt bei null Komma acht Metern. Die ‚Möwe' bietet meiner Familie auf Ausflügen und im Urlaub genügend Platz. Breit gebaut, wie sie ist, hat sie jedoch mit starker Strömung zu kämpfen. Darum eignet sie sich weniger für die Fahrt auf der Elbe. Ideal für sie ist und bleibt die Saale."

DER STADTGOTTESACKER

An der Neuen Residenz vorbei, über den Marktplatz mit seinem Roten Turm und der Kirche Unser Lieben Frauen, gelangt man auf den Hansering und geht von dort weiter zum Stadtgottesacker. Viele Straßen in der Altstadt verlaufen noch entsprechend ihrer mittelalterlichen Anlage, sie bilden ein eng verflochtenes Wegenetz und rufen in manchem Passanten das Gefühl wach, sich auf einer Exkursion durch ein sehr belebtes Labyrinth zu befinden.

Ein Wandbild in der Klausstraße erinnert an den wohl berühmtesten Badegast Halles, Till Eulen-

Bogengewölbe des Stadtgottesackers

Detail Stadtgottesacker

Grabstellen auf dem Stadtgottesacker

Blick über den Stadtgottesacker

spiegel. Der Schalk, welcher einst mit seinen Eltern hierherkam und in einem alten Wartturm an der Gerbersaale wohnte, unternahm in der Stadt seinen ersten Hochseil-Balanceakt, überliefert eine Legende. Seiner Mutter war das nicht recht und sie zerschnitt das Seil, sodass Till Eulenspiegel in den Fluss stürzte. Auf subtile Weise vergalt er den Nachbarn die Schadenfreude über seinen Sturz, verließ dann die Stadt und wurde weltbekannt.

Welchen Einfluss die Renaissance auf die hallesche Architektur hatte, offenbaren der weiße Dom, die Neue Residenz und prächtige Stadthäuser wie etwa der Kühle Brunnen. Eine besondere Preziose unter all den Sehenswürdigkeiten ist der erste städtische Friedhof Halles, ein nach italienischem Vorbild eingerichteter Camposanto, dessen baukünstlerische Qualität in Deutschland als einmalig gilt.

Nach dem Eintritt durch das schmiedeeiserne Tor erschließt sich dem Besucher sein Innenraum als eine Welt der Abschiede, Träume und Hoffnungen. Dem gefühlsbetonten Konkurrieren um Aufmerksamkeit wird Raum geschenkt und menschliches Darstellungsbedürfnis, das über den Tod hinaus reichen will, darf sich in Architektur und Kunstwerken offenbaren. Es ist ein Theatrum mundi, welches häufig und gern in der Renaissance als

Metapher für das Leben und seine Vergänglichkeit gebraucht wurde.

Sich nicht ergriffen zu fühlen vom visuellen Akkord der reich verzierten Bogenarkaden, der Pflanzenvielfalt, der Marmorskulpturen, der geschwärzten Metallbauten auf dunklen Steinpodesten und dem hohen Himmel darüber, ist kaum möglich, bestätigen einem die Liebhaber des Ortes, die an heißen Tagen einfach nur still im Schatten der Linden sitzen.

Wohin man auch schaut, sind bekannte Namen aus der Kultur-, Wissenschafts- und Stadtgeschichte zu finden. Sei es nun die Familie Händel, Francke, Olearius, Lüdecke oder Riebeck. Den wohlhabenden Bürgern verdankt dieser Platz viel von seiner Besonderheit und dem reichen Zierwerk auf Pfeilern und Bogen, von denen keiner einem anderen zu gleichen scheint, an den allseitig umlaufenden Arkaden.

Seinen Namen erhielt der Stadtgottesacker 1529, weil er, anders als zuvor die Gottesäcker von Klöstern und Kirchen, auf den Beschluss des Stadtrats hin angelegt wurde. Anlass dafür war der Wunsch des Kardinals Albrecht von Brandenburg, dass aus Rücksicht auf die allgemeine Gesundheit in Halle kein Verstorbener mehr innerhalb der Stadt beerdigt werden sollte. Etliche Kirchen und Kapellen wurden vom Kardinal geschlossen und mit seiner Zustimmung später auch abgerissen sowie deren Begräbnisplätze aufgehoben und eingeebnet.

Das Gelände für den neuen Friedhof befand sich damals östlich der Ringmauer und stieg von 100 bis auf 111 Meter über NN an. Die Bodenerhebung hieß nach der Kapelle, die für den heiligen Martin dort erbaut worden war, Martinsberg. Zum Kloster Neuwerk gehörend, stand das Kirchlein etwa in der Mitte des heutigen Stadtgottesackers. Als um 1350 und 1450 die Pest in Halle Tausende Opfer forderte, wurden die Toten auf dem geweihten Boden an dieser Kapelle begraben. Der Pestgottesacker existierte, bis man dort 1528 den neuen städtischen Friedhof einzurichten begann.

Schon um 1478 hatte der Magdeburger Erzbischof Ernst von Sachsen den Martinsberg als Standort für eine Zwingburg ausgewählt, die er gegen das von ihm besiegte Halle errichten lassen wollte. Er nahm an, dass sich von hier aus die Stadt am besten überschauen und beherrschen ließe. Allerdings musste der Plan wieder aufgegeben werden, weil der Untergrund nicht fest genug war, um die schwere Burganlage zu tragen.

Im Schmalkaldischen Krieg wurde die Martinskapelle 1547 zerstört und ab 1557 nutzte man ihre Steine für die eindrucksvollen Friedhofsmauern mit den innenliegenden Grabbogengewölben sowie später für den Turmbau am Südeingang. Den Stadtgottesacker erweiterte man nochmals um 1563. Er bekam jetzt seine endgültige Gestalt. Anfangs leitete Nickel Hofmann die Arbeiten, ein geschätzter Baumeister der Stadt, dem Halle die neue Kirche Unser Lieben Frauen am Markt verdankt. Nach seinem Tod vollendeten seine Schüler Kaspar Rost und Andreas Glaser den Auftrag.

1594 umschlossen 94 Bogengewölbe oder Schwibbogen den fertiggestellten Gottesacker, welcher im Süden 150, im Osten 129, im Norden 123 und im Westen 113 Meter maß. Das Ratsgesetz zur Nutzung der Bogen für Familien- und Erbbegräbnisse wurde 1673 verabschiedet. Bis dahin war es üblich, jeden Verstorbenen öffentlich und mit Geläut zu begraben. Nun stand es einem frei, ein öffentliches oder stilles Begräbnis zu wählen. Die Särge von Erde unbedeckt in den bis zu vier Meter tiefen Grüften der Grabbogen zu belassen, untersagte man erst 1862.

Während des Zweiten Weltkrieges wurden die Anlagen schwer beschädigt, ihr Wiederaufbau dauert bis heute an. Als schönste Jahreszeit gilt hier der März. Dann blüht der Sibirische Blaustern und der Boden ist überschwemmt von den kleinen, blauen Blumen.

Im Stadtpark

Die große Wiese im Stadtpark

Die kleine Wiese zur Innenstadt

DER STADTPARK

Auf den weiten Liegewiesen verbringen Familien im Schatten der Bäume ihre Freizeit. Kinder spielen sich eine rote Frisbeescheibe zu. Und die Studenten lagern inmitten ihrer ausgebreiteten Unterlagen vor ihren Laptops und tauschen sich aus. Die grünen Ringanlagen der Altstadt schließen an den 4,6 Hektar großen Park an. Oft ist er Ausgangspunkt für einen Spaziergang durch die Innenstadt.

1876 begann der hallesche Verschönerungsverein den Park anzulegen, in dessen Mitte sich ein von Linden umgebener Spielplatz befand. Dies geschah im Zuge einer Neubebauung entlang der Magdeburger Straße; so hieß seit 1873 das Ende der Großen Magdeburger Chaussee ab dem Steintor. Die hallesche Universität ließ ihre Kliniken dort zur Marienbreite hinauf errichten, früher hieß

diese Anhöhe auch Maillenhöhe. Der Park wurde mehrfach durch Umwidmung und Erschließung alter Friedhofsflächen am Stadtgottesacker erweitert. Einen Hinweis darauf gibt heute noch ein Obelisk, den hallesche Handwerker für die Gefallenen der napoleonischen Befreiungskriege aufstellen ließen.

In den 1970er-Jahren in „Leninpark" umbenannt, blieb er für viele Hallenser jedoch, was er bis dahin war – der Stadtpark. Und längst hat er seinen alten Namen wieder. 1993 gab die Stadt Halle den Auftrag, Teile der Grünanlage neu zu gestalten, wie den Eingangsbereich an der Magdeburger Straße und das neue Freizeitareal für Kinder und Jugendliche mit Kletter- und Turngeräten sowie einem Bolzplatz.

DER NORDFRIEDHOF

Als zweiter städtischer Friedhof 1850 noch außerhalb der Stadtmauern eingerichtet, befindet sich der Nordfriedhof heute mitten im Stadtteil Am Wasserturm/Thaerviertel. Seine 14 Hektar große Fläche ist von einer hohen Porphyrmauer umge-

ben und bietet Platz für weitaus mehr Grabstellen als der Stadtgottesacker.

Neben seiner neoklassizistischen Aussegnungshalle sind es die über 1300 Bäume, welche ihm eher das Aussehen eines Parks als das einer ab-

Der Nordfriedhof am großen Wasserturm

Lindenallee auf dem Nordfriedhof

zum Grabe unserer geliebten Anni 1938 , es existiert nicht mehr –

Blick in einen Brunnen

Unterhalb der Gimritzer Schleuse

geschlossenen Gedächtnisstätte geben. Ahorn, Ebereschen, Linden, aber auch Götterbäume, Kornelkirschen, Ölweiden und im Herbst goldgelb gefärbte Ginkgobäume und Japanische Lärchen wachsen hier; in den stillen, schattigen Alleen ist ein Spaziergang angenehm.

Im Mittelalter war dieses Gelände am Handelsweg nach Dessau ein grüner Rasenplatz, den Lehmgruben durchzogen. Für die Ausfüllung und den Verputz der Fachwerkwände von Häusern, Höfen und Gärten wurde der Lehm gebraucht und durfte mit Erlaubnis des Amtes Giebichenstein, dem das Land gehörte, abgebaut werden.

Es befand sich bei den Lehmgruben eine alte Richt- und Räderstatt, die Halle zur Benutzung überlassen worden war.

1820 baute sich der Scharfrichter an dem Platz sein Haus. Die Stadt kaufte 1838 das Anwesen des Scharfrichters Amberger sowie das umliegende Gelände und pachtete von der Domäne Giebichenstein den Anger längs der Dessauer Landstraße und des Mötzlicher Wegs. Darauf entstand der Nordfriedhof, zuerst der untere, später der obere Teil und 1875 der Querweg zur Westseite. Gegenüber dem Friedhofseingang errichtete man 1897 bis 1898 den großen Wasserturm der Stadt.

DIE WÜRFELWIESE

Der Weg an den Fluss führt bis zur Pfälzer Brücke, welche den Mühlgraben überquert. Von dort gelangt man auf die Würfelwiese, eine etwa 4,3 Hektar umfassende Grünfläche, wo Kinder und Jugendliche Ball spielen, auf mitgebrachten Spannseilen zwischen den kräftigen Kastanien, Eichen, Eschen und Ulmen balancieren oder sich an milden Spätnachmittagen Familien mit ihren Freunden zum Picknick am Ufer verabreden.

Über die Wiese hinweg kommt man an den Saale-

hauptarm. Wellenförmige Liegebänke laden zur Rast ein und der Blick schweift über das Wasser zur Nordspitze der Pulverweideninsel und zu dem hohen Speicherbau am Sophienhafen. Sportboote und Ruderkähne schwimmen auf dem Wasser, Enten und Möwen jagen etwas Essbarem nach und ab und zu ertönt das Horn eines Ausflugsdampfers, der zur Schleuse Gimritz unterwegs ist.

Einst der Kohl- und Gemüsegarten des Klosters Neuwerk, kam das Landstück im 16. Jahrhundert

unter die Verwaltung des Amtes Giebichenstein. Damals feierte man hier bereits das Fest des Knoblauchmittwochs, wozu auch Buden für das Würfel- und Glücksspiel aufgebaut wurden. So entstand der Name Würfelwiese.

Den Knoblauchmittwoch beging man in der Woche nach Pfingsten und es war üblich, dabei reichlich von der scharf-aromatischen Zwiebel wegen ihrer gesundheitsfördernden Eigenschaften zu verzehren. 1870 wurde das Fest verboten. Als Grund dafür nannte man den notwendigen Schutz der Wiese. Eine Knoblauchsmittwoch-Gesellschaft widmet sich seit 2002 der Wiederbelebung dieser halleschen Pfingsttradition. Zu dem Fest kann neben würziger Suppe oder Wurst auch Knoblauchhonig und -met gekostet werden.

Auf dem Wiesengrund ließ im 17. Jahrhundert der Herzog August von Sachsen-Weißenfels erneut Gemüse anbauen. Die Beete befanden sich nördlich vom Fürstengarten, dessen barocke Anlagen sich unterhalb der Moritzburg ausdehnten und wo zum herrschaftlichen Vergnügen Lichterfeste und Bälle abgehalten wurden. Auf dem Terrain des alten Fürstengartens, den im Süden der Flutgraben begrenzte, entstanden im 19. Jahrhundert einige große Gartenwirtschaften wie Trübens Oekonomie, Stegmanns Garten und das Fürstental, die jedoch zum Jahrhundertwechsel den Mietshaus-

reihen entlang der Pfälzer Straße bis zur Ankerstraße weichen mussten.

Im 18. Jahrhundert wurde die Wiese als Exerzierplatz des Regiments Anhalt genutzt, welches Fürst Leopold von Anhalt-Dessau befehligte, den man auch den Alten Dessauer nannte. Er galt als der Erfinder des Gleichschritts. Eine Legende schreibt ihm einen schrecklichen Ruf und die Einführung des preußischen Drills in das Militärwesen zu.

1868 kam das Grundstück in den städtischen Besitz, man gab der Pfännerschaft dafür die Jungfernwiese. Der Magistrat ließ den halleschen Verschönerungsverein Wege anlegen und Bäume pflanzen. So entstand die breite Kastanienallee, welche zur Dreierbrücke führt. Der Brückenname erinnert daran, dass man für einen Dreier vom Schleusenmeister Zugang auf die Ziegelwiese erhielt. Der Verschönerungsverein beauftragte auch den Bau einer Holzbrücke zum Jägerplatz, die man im Zuge der Arbeiten am Hauptsammelkanal durch die massive Pfälzer Brücke ersetzte.

Das Interesse mancher Spaziergänger zieht ein Obelisk von 1814 auf sich. Er ist ein Denkmal für die Gefallenen der Völkerschlacht bei Leipzig. Auf der Würfelwiese befand sich ein Begräbnisfeld für viele von Leipzig nach Halle gebrachte Verwundete, die trotz der ihnen gewährten Hilfe die Schlacht nur um kurze Zeit überlebten.

Der Saalehauptarm an der Salinehalbinsel

Die Kastanienallee auf der Würfelwiese

Der Spiel- und Bolzplatz Würfelwiese

Der Promenadenweg am Mühlgraben

IM LAFONTAINSCHEN DICHTERGARTEN

Er ist einer der schönsten privaten Gärten in der Stadt. Am Hang des Neuwerks über dem Mühlgraben angelegt, erinnert er an einen Logenplatz über dem Bühnenraum des Flusstals. Für diesen Garten kommt Geraldine Michalke, so oft es ihr möglich ist, nach Halle. Sie ist die Eigentümerin der Lafontainschen Villa, und wenn sie sich nicht ihrer Kunstsammlung widmet und den damit verbundenen Ausstellungsprojekten, schöpft sie Kraft in ihrem halleschen Refugium.

„Ich pendle zwischen Berlin und Halle hin und her für dieses Haus, das sich der Schriftsteller August Lafontaine 1796 kaufte und ausbauen ließ. Meine Familie hat es 1919 erworben. Die Pendelei ist für jemanden, der eher ungeordnet ist wie ich, nicht einfach. Es wird rasch zu viel mit all den Sachen, von denen ich annehme, sie bei mir zu haben, und die doch zumeist in der anderen Stadt geblieben sind." Gelassen zuckt Geraldine Michalke mit den Schultern.

„Erinnerungen an unser Leben in dem Haus besitze ich kaum, ich war zu jung, als wir in den Westen zogen. Das Goethesofa ist mir im Gedächtnis geblieben, weil ich mich über seinen Namen gewundert habe. Später erfuhr ich von den Besuchen Johann Wolfgang von Goethes im Haus Lafon-

taines. Womöglich bekam die kleine Bank ihren Namen aus Verehrung für Goethe und weil er mal auf ihr saß."

Sie überlegt, bevor sie zusammenfasst: „1872 gründete mein Urgroßvater die Pumpenfabrik Weise & Monski, später wurde daraus die Firma Weise Söhne. Die Fabrik ging nach der Enteignung in den Halleschen Pumpenwerken auf, heute gehört sie zur Klein, Schanzlin und Becker AG. Ich selbst habe einen Beruf in der Werbung gelernt, zog nach meiner Heirat auf die Philippinen und bin später mit den Kindern nach Deutschland zurückgekommen.

In den vergangenen dreißig Jahren hat sich für mich das Sammeln von Kunst, vor allem von Malerei, zur Lieblingtätigkeit entwickelt. Nicht aus einem Konzept heraus, sondern weil ein Bild mich anspricht, meine Neugier weckt, wird es zum Objekt der Begierde. Wie verträgt es sich mit den anderen Bildern? Wie beeinflusst es meine Wahrnehmung? Diese Neugier ist der Grund des Habenwollens. Wahrscheinlich kommt das nicht von ungefähr in der Familie Weise, der Bruder meines Großvaters Felix Weise war zu seiner Zeit ein bekannter Sammler von Expressionisten. Ich engagiere mich heute in den Berliner Kunstsaelen. Wir machen dort, wie ich finde, mit geringen Mitteln sehr gute Ausstellungen."

Sie nimmt einen Schluck Wasser, ehe sie weiterspricht: „Um es Ihnen gleich zu sagen, ich war schon bereit, das Grundstück und die Villa aufzugeben. Ein solches Haus und sein Garten bleiben nur anziehend, wenn sie immerfort gepflegt werden. Das kostet auf Dauer mehr, als es einbringt. An einem Tag wie heute, wo das Wetter schön ist und der Wind sanft geht, bin ich jedoch froh darüber, es zu besitzen, und will es mir auch gar nicht anders vorstellen. Dieses Haus hält mich hier fest, weniger die Stadt. Obwohl ich natürlich sehe, wie privilegiert Halle durch den Fluss und das viele Grün ist, durch die Wiesen, die Inseln oder den Gimritzer Park, der an der Saale mein Lieblingsort ist, wenn ich mal von meinem Garten absehe. Es hat viel Poesie."

DIE ZIEGELWIESE

Autos rollen über den Asphalt der Straße am Neuwerk, wo im Mittelalter das reichste und bedeutendste Kloster der Stadt Halle und des Umlands stand. In einer Legende heißt es, dass eine goldene Egge vom Himmel herabschwebte und man deshalb beschloss, an dieser Stelle das Kloster Neuwerk zu bauen, dessen Wappen eine goldene Egge zierte.

Durch den Magdeburger Erzbischof Adelgot von Osterburg 1116 gegründet, erhielt das Augustinerkloster auch viele Schenkungen von den Bürgern der benachbarten Salzstadt. Schon früh ein geistiges Zentrum, besaß das Stift als erste Einrichtung im Umkreis das Schulrecht. Der Weg der Pfänner- und Patriziersöhne, die hier unterrichtet wurden, führte also vor die Stadtmauern.

Auf dem hügeligen Gelände am Mühlgraben und bis zur Steinmühle breiteten sich Weingärten aus. Die Mönche erreichten über einen Holzsteg die heute Ziegelwiese, damals „Großer Werder" genannte Insel, auf der ihr Vieh weidete. Zwölf Dörfer, acht Vorwerke und zehn Mühlen gehörten zu den Besitztümern der Augustinergemeinschaft, die etwa 400 Jahre lang existierte. Nach dem Wüten der Pest zählte man zu Beginn der Reformation neben dem Probst nur noch vier Mönche.

1530 übereignete Kardinal Albrecht von Brandenburg sämtliche Klostergüter seinem neu gegründeten Stift und bestimmte den Abbruch des Neuwerks einschließlich dessen stattlicher romanischer Kirche mit vier Türmen. Albrecht, der eine außerordentliche Machtfülle im Heiligen Römischen Reich Deutscher Nation auf sich vereinte, residierte auf der Moritzburg. Als einer der populärsten Gegner Luthers wurde er im Jahr 1541 aus Halle vertrieben.

Im 17. Jahrhundert erlebte der Werder fürstliche Aufzüge und Feuerwerke unter dem kunst- und prachtliebenden Herzog August von Sachsen-Weißenfels. Nach 1693 – das Amt Giebichenstein hatte eine große Ziegelei in der Nähe des Kirchtors errichten lassen – wurde der lehmige Boden der Insel metertief abgetragen und zum Brennen von Ziegeln verwendet, wodurch sie den heute bekannten Namen erhielt.

In ihrem Südwesten wurde 1694 eine Schleuse gebaut. Der brandenburgische Kurfürst Friedrich III. trieb den Ausbau der Wasserwege voran, um den Transport des Salzes vom Landweg auf das Wasser zu verlegen. Das Haus des Schleusenwärters lag, um vom Hochwasser verschont zu bleiben, auf einer Anhöhe an der Dreierbrücke.

Die Ziegelwiese wurde Anfang des 20. Jahrhunderts mit Bäumen und Sträuchern bepflanzt. Mit Anbruch der kalten Jahreszeit flutete man den tiefer gelegenen Nordteil der Insel, um eine Eisbahn anzulegen, aber auch um Natureis zu gewinnen, das in dem sogenannten Eishaus, einem zweigeschossigen Backsteinbau schräg gegenüber der Steinmühle, gelagert wurde. 1912, die Ziegelwiese befand sich nun im städtischen Besitz, entstand anstelle der Holzbrücke über den Mühlgraben die Steinmühlenbrücke.

Im Süden der über zwölf Hektar großen Insel befinden sich die Sportanlagen der Universität Halle. Nördlich davon gelegene Freiflächen und Spielplätze sind zu jeder Jahreszeit ein Anziehungspunkt. Im Winter begegnet man hier vielen Schneemännern und anderen Schneeskulpturen. Die Tradition des Eislaufens ist bis heute erhalten, ein künstlich angelegter Teich in elliptischer Form lockt bei Minusgraden die Schlittschuhläufer an. Das Wasserbecken hat eine Fläche von einem Hektar und seine bis zu achtzig Meter hohe Fontäne, die 1968 zu den Arbeiterfestspielen in Betrieb gesetzt wurde, ist in wärmeren Jahreszeiten weithin sichtbar.

Die flussbegleitende, stark gefährdete Schwarzpappel und die Zerreiche, die man an ihren bärtigen Eicheln erkennt, spendet hier neben anderen prächtigen Bäumen Schatten. Und der seltene, durch purpurne Blüten sich vom Grün abhebende Hundszahn, eine Lilienart, wurde auf der Ziegelwiese gesichtet. Im Herbst steigen farbige Drachen in die Luft. Schwäne gleiten auf dem Wasser. Ein großes Schiff aus bunt bemalten Metallplatten verharrt auf der Wiese und scheint doch zu segeln. Auf der Nordspitze trifft man sich nicht nur an heißen Tagen, sondern auch zu Neujahr am Saalestrand zum Baden.

Am Ufer, vor dem gelbe Bojen im Fluss verankert sind, fällt einem beim Blick auf die Schwimmer die Legende von der Saalenixe ein, die einen jungen Mann bezaubert hatte. Dessen Frau war ihm nachgegangen und sah ihn mit der Schönen. Sie rief so beharrlich nach ihm, dass die Nixe ihn schließlich wieder freigab und zu ihr sagte: „Nimm ihn hin, er sei und bleibe dein, aber er soll nicht mehr ans Ufer kommen, sonst könnte es mich reuen und ich ihn mir holen."

DIE PEISSNITZ

Von der Ziegelwiese aus auf die „Nachtigalleninsel", wie die Peißnitz auch genannt wird, gelangt man über die Peißnitzbrücke. Der stählerne Brückenbau löste 1899 eine Pendelseilfähre ab. Die Insel zwischen Wilder Saale und dem Saalehauptarm ist zweieinhalb Kilometer lang und bis zu 300 Meter breit. Seit 1993 ist der Auenwald in ihrem Norden

Die Peißnitzbrücke

Auf der Peißnitzinsel

mit seinen Eichen, Eschen, Linden, Hainbuchen, Ahornarten, Ulmen und Teppichen von Anemonen und Goldsternen im Frühjahr ein Naturschutzgebiet. Es umfasst eine Fläche von 11,6 Hektar. Hier rascheln Igel durchs Laub, die Waldspitzmaus huscht über den Weg und nachts jagt die großfüßige Wasserfledermaus nach Insekten.

Von Überschwemmungen oft heimgesucht, blieb die Insel bis ins frühe Mittelalter unbewohnt. Ihr Name geht auf die slawische Besiedlung zurück. Peißnitz, slawisch „Pusteniza", ist übersetzbar mit Wildnis. Einer Sage zufolge stand hier die Burg des Slawenfürsten Nusito, der im Kampf gegen die Franken unter Karl dem Großen manchen Sieg errungen hatte, letztlich aber unterlag.

Mit ihren Wald- und Wiesenflächen war die Insel schon im 18. Jahrhundert ein beliebter Treffpunkt der Studenten, „Philosophengang" hieß ein schattenreicher Weg an der Saale entlang bis zur Nordspitze. Im 19. Jahrhundert ließen die Gutsbesitzer Bartels einen Jagdhof eröffnen, wo man im Freien ein Glas Milch oder Kaffee genießen konnte. An der Stelle des Jagdhofs entstand 1892 bis 1893 das Peißnitzhaus, ein Gesellschaftshaus mit großem Kaffeegarten.

Von 1950 bis 1989 war es ein Pionierhaus mit Arbeitsgemeinschaften für Schachspiel, Malen, Zeichnen, Geflügelzucht, Fasanerie und vielem mehr. Großes Interesse fand die Arbeitsgemeinschaft „Junge Matrosen", in der man das Seemannshandwerk erlernen konnte. Um es auszuüben, stand ein Pionierschiff auf der Saale bereit. Aus dieser Zeit stammt auch der Peißnitzexpress, für den Kinder und Jugendliche zu Parkeisenbahnern ausgebildet werden und für den Fahrbetrieb verantwortlich sind.

Nördlich des Peißnitzhauses steht das 1978 eröffnete Raumfahrtplanetarium „Sigmund Jähn", das zu einer Erkundung des Alls einlädt. Mit der Freilichtbühne, den Kinderspielplätzen und dem Verkehrsgarten ist die Insel ein viel besuchter Kulturpark der Saalestadt mit ganz unterschiedlichen Landschaftsräumen. Jährlich im August zum Laternenfest besuchen Zehntausende die Peißnitz, das Kröllwitzer und Giebichensteiner Ufer, um das traditionelle Fischerstechen der Halloren und den abendlichen großen Bootskorso mitzuerleben.

Den schmalen Promenadenweg an der Neuen Brücke entlang, kommt man durch Fliedergebüsch und bewaldetes Terrain in den Gimritzer Park mit seinem alten Eichenbestand und der schönen Eibengruppe, welche die größte in ganz Halle ist. Von hier führt die Schafbrücke über die Wilde Saale, sie und die nördlich gelegene Gutsbrücke verbinden die Insel mit dem Sandanger und der Großen Ratswiese auf dem westlichen Ufer vor Halle-Neustadt.

Die große Wiese auf der Peißnitz

An den Gleisanlagen der Parkeisenbahn

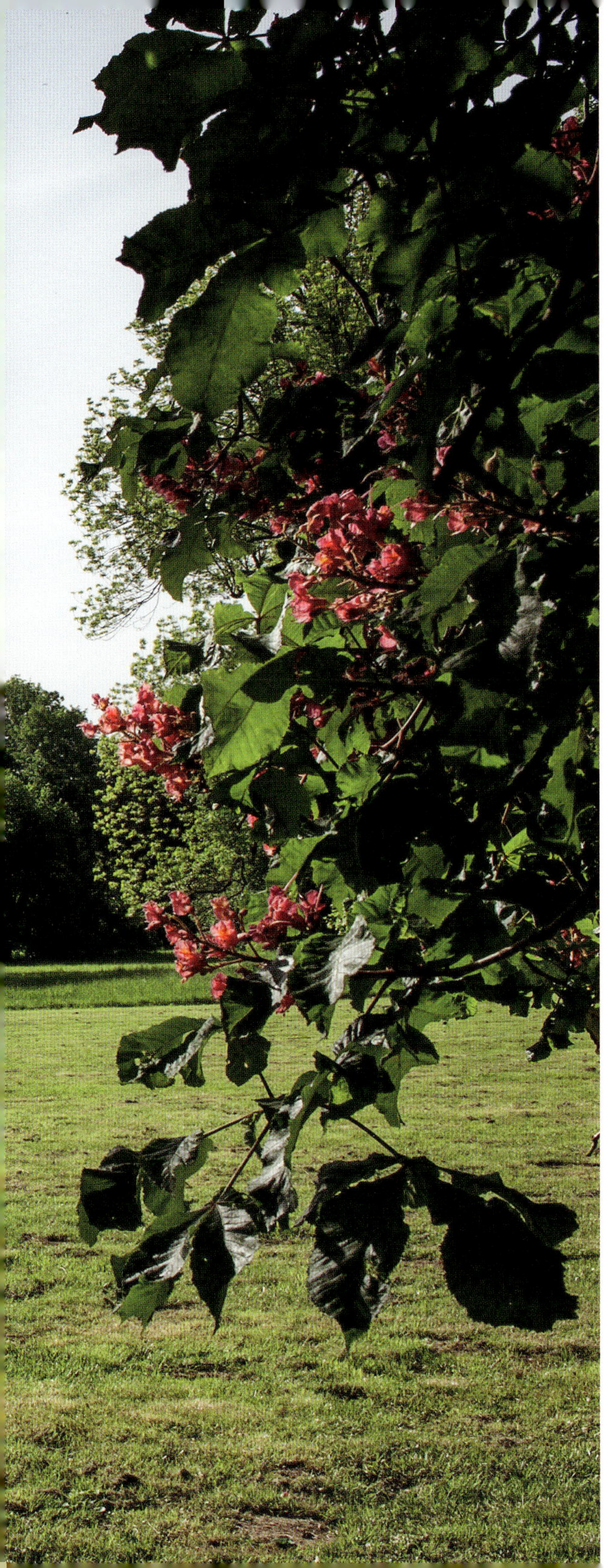

DER GIMRITZER PARK

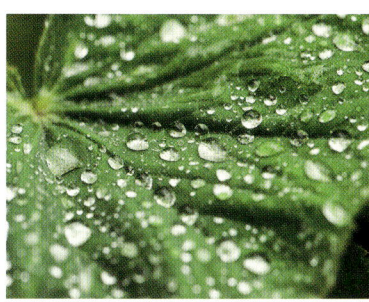

Auf dem Land des einstigen Klostervorwerks und späteren Stadtguts Gimritz, im Süden der Peißnitz, wurde 1925 bis 1926 unter der Leitung des Gartenbauinspektors Ernst Meyer der Gimritzer Park angelegt. Seltene Gehölze wie der Ginkgo- und der Tulpenbaum, der stachellose Lederhülsenbaum und die Gurkenmagnolie mit ihren gelblichen Blüten und roten zapfenförmigen Früchten verleihen ihm seinen besonderen Reiz. Meyer erhielt vom wertvollen Baumbestand der Anlagen der ehemaligen Gutsbesitzer Bartels, was möglich war, und bezog die alten Wege in das neue Konzept ein. Auch vergrößerte er das Gelände durch die Neugestaltung des ehemaligen Gemüse- und Obstgartens. Schon 1961 wurde der dreieinhalb Hektar große Park unter Schutz gestellt.

Erstmals erwähnte man die Ansiedlung „Gumniste" auf der Insel 1182, später wurde daraus Gimritz. Der Name leitete sich vom slawischen Wort für „Scheunenort" ab. Im 13. Jahrhundert ließ das Kloster Neuwerk in der Nähe der Siedlung eine Wassermühle bauen. Ihr Wehr staute das Flusswasser so hoch an, dass der Deutschritterorden, welcher gegenüber auf dem Gelände des heutigen Sophienhafens eine Komturei hatte, schwere Schäden an seinen Ländereien und Gebäuden beklagte.

Kastanienblüte im Gimritzer Park

Im Gimritzer Park

Die alten Eichen im Gimritzer Park

Die Galopprennbahn auf der Großen Ratswiese

Die Ritter verlangten, dass das Kloster Neuwerk die Mühle unverzüglich niederreißen müsse, was die selbstbewussten Mönche aber nicht taten. Der Streit währte über 200 Jahre. Schließlich wurde er zugunsten des reicheren Klosters entschieden.

1530 kamen nach dem Willen des Kardinals Albrecht von Brandenburg das Vorwerk Gimritz und die Peißnitz in den Besitz des Neuen Stifts, welches das Vorwerk samt Schäferei und Mühle 1540 an die Stadt Halle verpachtete. Dieser Vertrag wurde 1592 vom Domkapitel Magdeburg erneut bestätigt und das Vorwerk blieb bei der Stadt, die es samt Insel 1821 wegen enormer Schulden an den Amtmann und Domänenpächter von Giebichenstein, August Ludwig Remigius Bartels, weitergab. Ende des 19. Jahrhunderts gelangte beides wieder in städtischen Besitz. Die Gutsbrücke und das Herrenhaus wurden saniert und ein Promenadenweg zur Schafbrücke angelegt.

Im Gras leuchten im Frühjahr die azurblauen Blüten des stark gefährdeten Zweiblättrigen Blausterns und im Sommer die der weißen Gras-Sternmiere. Vom Park kommend, geht man am Gebäudekomplex des Gutes vorbei, welcher sich an der Elisabethsaale bis zum Saalehauptarm erstreckt. Auf der Westseite befinden sich die Eingänge zur Anlage. Vom ersten fällt der Blick auf das einstige Herrenhaus und die Mühle. Der zweite Eingang führt durch ein Tor mit hohem Spitzbogen in den alten Mühlenhof.

DER SANDANGER UND DIE GROSSE RATSWIESE

Den Namen hat der Sandanger von seinem sandigen Boden. Er beginnt nördlich der Elisabethbrücke und reicht das westliche Ufer entlang. Als die Stadt Halle das Gut Gimritz in Erbpacht nahm, ging vermutlich auch der Sandanger mit seinen Wiesen und dem Wald in städtischen Besitz über. Einst eine Insel und nur mit dem Kahn erreichbar, erschloss der Bau der Brücke den Anger 1843 dem Verkehr. Bald führte über das acht Hektar große Gebiet ein Weg zur Schafbrücke, wo man später Eschen pflanzte und zu Beginn des 20. Jahrhunderts Tennisplätze anlegte.

An der Elisabethsaale sitzen Angler und warten auf ihr Glück. Vor fünfzig Jahren galt der Fluss als nahezu fischleer. Heute kann man wieder Zander, Wels und Hecht fangen. Der Aal, der aus der

Saale gefischt wird, ist besonders dick, und einige Hallenser schwören auf den wohlschmeckenden Karpfen aus ihrem Hausgewässer.

Südlich von der Elisabethbrücke breitet sich die Große Ratswiese aus, an welche sich die sogenannte Spitzwiese anschließt. 1913 errichtete man auf den beiden Flächen die Pferderennbahn des Sächsisch-Thüringischen Reiter- und Pferdezuchtvereins.

Noch heute ist hier das Gelände der halleschen Galopprennbahn. Ursprünglich verlief durch die Wiesen eine alte Chaussee nach Bad Lauchstädt. Dr. Siegmar Baron von Schultze-Galléra vermutete, dass Johann Wolfgang von Goethe und Friedrich Schiller sie noch bereist haben. Ebenso wie die vielen Bürger und Studenten der Stadt Halle, welche zum Theater nach Bad Lauchstädt unterwegs waren.

DER HEINRICH-HEINE-PARK

Ab der Burgstraße steigt das Gelände des Heinrich-Heine-Parks zur Saale hin sanft an. Porphyrtreppen führen zwischen Platanen, Eichen, Blutbuchen, Ahorn- und Kastanienbäumen bis an den steil abfallenden Heinrich-Heine-Felsen mit seinen Weggeländern und Fliederbüschen. Man geht an Wiesen und einem Spielplatz vorbei, wo Sandsteinskulpturen beziehungsvolle Ansichten erschaffen, und es wird einem allmählich deutlich, dass Park und Felsen einen der schönsten Landschaftsbalkone Halles bilden.

Zu Ehren Heinrich Heines wurde 1956 der frühere Garten der Bankiers Lehmann umbenannt. Einige Abschnitte des Privatgartens konnte man bereits 1935 besuchen, die gesamte lehmannsche Anlage

wurde erst nach 1945 der Bevölkerung zugänglich gemacht. 1960 bis 1966 ließ der Magistrat den 3,6 Hektar großen Heinrich-Heine-Park neu gestalten. Die Wegführungen wurden verändert, der Eingang befand sich jetzt an der Burgstraße, man schuf die Treppengänge hinunter an das Saaleufer sowie die Aussichtsflächen zum Saaletal, von wo heute der Blick zu den Badenden an der Ziegelwiese, zum Auenwald im Norden der Peißnitz oder zum Weinberg am Westufer des Flusses wandert. Den wertvollen Baumbestand bezog man in das Gestaltungskonzept ein und verjüngte ihn, wo es sich als notwendig erwies. Die Sichtachsen wurden neu akzentuiert. Und 1996 fanden die aus Ummendorfer Sandstein zum 5. Internationalen

Der Strand der Ziegelwiese und das Riveufer

Der Auenwald im Norden der Peißnitzinsel

Das Riveufer

Der Saalehauptarm an der Ziegelwiese

Bildhauersymposium gestalteten Skulpturen im Park die passende Umgebung.

Heinrich Franz Lehmann erwarb das Grundstück zwischen Giebichensteiner Straße, heute Riveufer, und Felsenstraße 1835 von August Gottlieb Eberhard. Der Enkel Lehmanns mit gleichen Vornamen gab 1886 den Auftrag zum Bau einer großen Villa mit viereckigem Turm. Den Garten ließ die Bankiersfamilie auf der Anhöhe des ehemaligen Giebichensteiner Steinbruchs anlegen. Hier hatte Eberhard bereits 1818 begonnen, neben seinem zweistöckigen Wohnhaus einen romantischen Park einzurichten. Der hallesche Dichter war mit seinen Versen, Märchen, Erzählungen und Romanen sehr erfolgreich. Wie sein Nachbar am

Neuwerk, der Schriftsteller August Heinrich Julius Lafontaine, war er maßgeblich für die Belletristik seiner Zeit. Gemeinsam gaben sie von 1812 bis 1816 die Zeitschrift „Salina" heraus.

Im 19. Jahrhundert gewann die Ortschaft Giebichenstein durch das Solbad Wittekind und die mit dem Kurbetrieb einhergehende Pflege der Landschaft zunehmend an Attraktivität, vor allem für die Bewohner der immer stärker industrialisierten Stadt Halle. Villen und große Privathäuser wurden gebaut und gaben dem Ort einen zunehmend städtischen Charakter. Als er 1900 von Halle eingemeindet wurde, besaß er bereits eine eigene Wasser- und Gasversorgung und seine Straßenzüge zeigten keinen merklichen Unterschied zu denen der Saalestadt.

DAS RIVEUFER

Am Fuß des Heinrich-Heine-Felsens geht man durch eine Lindenallee am Ufer entlang. Zur Baumblüte im Sommer beherrscht den breiten Weg ein starker, süßer Duft und im Herbst bedecken ihn die abgefallenen Blüten, Blätter und Flügelfrüchte als raschelnder Teppich. Dieser 1,7 Kilometer lange Talweg bis zur Burg Giebichenstein, an dem der seltene, etwa dreißig Zentimeter hohe Nickende

Milchstern seine vielen weiß-grün-gestreiften Blüten in Traubenform entfaltet, besaß schon viele Namen. Von 1945 bis 1958 hieß er Riveufer, nach dem halleschen Oberbürgermeister Richard Robert Rive, der die Geschicke der Saalestadt von 1906 bis 1933 lenkte, seit 1992 wird er wieder so genannt. Auch hieß der Promenadenweg schon Weineckufer, nach dem Hornisten des Rotfront-

kämpferbundes Friedrich August Weineck, oder Giebichensteiner Straße. Zuvor bezeichnete man ihn einfach als Uferstraße oder Saalweg.

Im Mittelalter stand hier ein Eichenwäldchen. Und der Porphyrberg, auf dem die Villa Lehmann später gebaut wurde, erstreckte sich bis vor an die Saale. An der Südflanke des Berges, gegenüber dem Mühlgraben, befand sich ein Steinbruch, den 1182 der Magdeburger Erzbischof Wichmann von Seeburg-Querfurt dem Kloster Neuwerk und der nahen Steinmühle überließ. Die Fortführung des Steinbruchs im Tal nach Norden schuf ein zerklüftetes Ufergelände, über das anfangs nur ein schmaler Treidelpfad verlief, wo einst Treidler die Lastkähne an Leinen flussaufwärts schleppten.

Über den Bergrücken zog sich ein zweiter Pfad, von dem Wanderer eine gute Aussicht hatten. Südlich lag die Steinmühle, dahinter der Neumarkt, noch weiter im Süden erhoben sich die vielen Türme über die Dächer der Stadt Halle und es stiegen die Rauchfahnen der Salzsiedehütten bzw. -kote in den Himmel. Zwischen dem Grün der Weinberge am gegenüberliegenden Ufer sah man nur vereinzelte Gehöfte.

Nachdem sie das eberhardsche Grundstück mit dem Garten gekauft hatten, ließen die Lehmanns das Gelände des Steinbruchs am Ufersaum einebnen und darauf eine breite Straße anlegen. 1913 begann der Bau des halleschen Hauptkanals, der hier vorbei und weiter bis zu den Klausbergen verlief. Man ersetzte die natürliche Uferlinie mit ihren Wiesen und Weidenbüschen durch eine steinerne Mauer. Sie unterfütterte die großen Abdeckplatten des Kanals. Das so erhöhte Ufer wurde mit Eisengeländern begrenzt. Massiv gebaute Gondelhäuser nahmen nun den Platz der früheren Holzhäuschen ein, wo man sich ein Ruderboot bei schönem Wetter lieh und zu einer Saalepartie ablegte.

VOM BOOTSHAUS AN DER SAALE

Eins der ehemaligen Gondelhäuser am Riveufer ist heute das Boots- und Imbisshaus von Andreas Reschke. Wer zu ihm kommt, blickt von seiner Terrasse aus auf den Fluss, nimmt einen kräftigen Imbiss und wechselt ein paar Worte mit dem Inhaber. So ist das am Bootshaus 5. Der Gast erfährt

Das Saalehochwasser 2013 – Peißnitz

Das Saalehochwasser 2013 – Saalepromenade

Das Saalehochwasser 2013 – Giebichensteiner Brücke

Das Saalehochwasser 2013 – Riveufer

dabei auch, wie viel den Kaufmann mit der Saale verbindet, trotzdem ihr Hochwasser sein Geschäft immer wieder gefährdet.

„Schöner geht es nicht, oder? Als ich zum ersten Mal hierherkam, habe ich mich gleich in die Aussicht verliebt." Andreas Reschke prüft mit einem kurzen Blick, ob sein Gegenüber das so empfindet wie er, und sagt: „Es bedeutet mir etwas, dass die Landschaft den Gästen gefällt. Am Fluss entstehen ständig neue Bilder im Kopf, Spiegelungen des Ufers verzaubern einen, Lichter funkeln auf den Wellen, die von einem vorbeifahrenden Boot ausgehen, auf der Ziegelwiese gegenüber spielen die Kinder. Seit einigen Jahren wird dort wieder gebadet.

So ist es nicht immer, das ist wahr. Die Hochwasser können einen manchmal erschrecken. Sie haben die Bilder von 2013 im Fernsehen gesehen? Dort oben an der Wand stand das Wasser. Wir haben Glück gehabt, der Schaden war für uns noch überschaubar. Es hätte schlimmer kommen können, viel schlimmer. Mir ist klar, dass es die Hochwassergefahren weiterhin geben wird, das Bootshaus 5 liegt ja direkt an der Saale. Ist das Wasser abgelaufen, räumen wir auf und machen alles sauber, dann geht es weiter. Wer am Fluss arbeitet und lebt, kennt das. Seit ich die Bootshäuser 1997 für mich entdeckt habe, bin ich am Riveufer, jeden Tag. Bis eben auf die Zeit, wo mal ein Hochwasser es nicht zulässt."

Er erzählt weiter: „Ich wurde in Halle geboren und bin in der Stadt groß geworden. Zur Zeit meines Maschinenbaustudiums habe ich nicht hier gelebt. Später war ich Bereichsingenieur im Waggonbau Ammendorf und 1990 habe ich als selbstständiger Kaufmann noch mal neu angefangen. Ich kann mir inzwischen kaum vorstellen wegzugehen. Vielleicht würde Dresden noch infrage kommen, aber wirklich nur vielleicht. Einen Fluss in der Stadt, die Nähe zum vor sich hinströmenden Wasser, empfinde ich als wichtig. Auch das Gefühl von Ferne, das für mich am Wasser entsteht. Obwohl ich gar nicht weit weg sein will. Anders als die Elbe lässt einem die Saale Zeit. Selbst für ein Stückchen Holz, das vorbeitreibt. Man kann es minutenlang betrachten. Das lässt die Elbe nicht zu. Dort findet man etwas, und schon reißt es der Strom wieder fort. Für mich begegnen sich in Halle das Gewimmel, die Lebhaftigkeit der City und die Ruhe, die über einen kommt, wenn man an den Fluss geht. Ich fahre mit Freunden gern bis zur Böllberger Schleuse hinauf und wir lassen uns von dort in den Booten einfach treiben. Das dauert und wir haben Zeit, was so passiert ist, zu bereden. Aber der mir liebste Ort am Fluss ist der Forstwerder. Wenn ich vorn auf der Nordspitze bin und ich habe sie mal für mich allein, weil keiner vorbeikommt, dann ist da etwas unbeschreiblich Vertrautes."

DER AMTSGARTEN

An den Bootsanlegestellen und der Fährstraße vorüber, unter der Giebichensteiner Brücke hindurch, wo Kinder gleich hinter der großen Pferdeplastik das Echo erproben mit Rufen wie: „Womit schießen die Soldaten? Tomaten!", führt vom ehemaligen Wallgraben der Burg Giebichenstein der Weg in den Amtsgarten. Dessen unterer Teil an der Saalepromenade ist im englischen Stil gehalten und als ein Spiegelbild natürlicher Landschaft gedacht. Der Amtsgarten hat eine Größe von 3,78 Hektar. Einstmals Zier- und Obstgarten der Magdeburger Erzbischöfe, wechselte er in seiner über 300-jährigen Geschichte mehrmals sein Aussehen. Eine Inventarliste von 1681 weist ihn mit Obstbäumen bepflanzt aus.

Der Amtshauptmann Freiherr Ochs von Ochsenstein gab ihm 1740 bis 1748 ein barockes Aussehen mit Alleen, Terrassengärten, Orangerie, Springbrunnen und zwei Lusthäusern, wovon eines auf dem Römerberg, dem Plateau nördlich vom Giebichenstein, stand. Als Heinrich Remigius Bartels, Amtmann von 1773 bis 1805, und dessen Sohn August Ludwig Remigius sich des Gartens annahmen, wich der Barock dem englischen Stil. Der eben erst angelegte Wörlitzer Park war das Vorbild für die Umgestaltung. Geschwungene Wege,

Grotten, Freundschaftsurnen, lauschige Plätze, ein kleiner Schwanenteich im Nordosten der unteren Parkanlage, heute Amtswiese, und vor allem seine Aussichtspunkte machten den Garten berühmt. Wilhelm Grimm schrieb 1809 in einem Brief an Achim von Arnim: „Bartels hat mit vielem Sinn oben auf der wüsten Burg eine Anlage gemacht, von wo man auch jetzt, wo noch kein Grün erfreut, eine herrliche Aussicht hat. Ich stell es höher als Napoleonshöhe (gemeint ist die Wilhelmshöhe bei Kassel), das kein solch schöner Fluss belebt."

Im 19. Jahrhundert wurde im oberen Teil des Gartens Gemüse gezogen. Birnen, Pflaumen, Pfirsiche und Aprikosen reiften an den Bäumen und große Erdbeerbeete verströmten ihren Duft. Der jetzige Park fußt auf den Plänen des Stadtgartendirektors Emil Berckling, der ihn, nachdem der Amtsgarten mit der Giebichensteiner Unterburg in städtischen Besitz übergegangen war, von 1907 bis 1912 umgestaltete. Die Römerkuppe wurde gesprengt, es entstanden Treppen und neue Wege an steilen Hängen. Terrassenförmig angelegte Themengärten mit Rosen und Sommerblumen erstrecken sich am Südhang. Die oberste Terrasse schmückt ein Blauer Garten. Blau blühende Staudenbeete und eine von Blauregen umrankte Pergola erinnern an

Die Burg Giebichenstein und der Römerberg

Die Amtswiese

das Blumensymbol der Romantik. Und weil Schönheit bindend ist, laden auf den einzelnen Parkebenen weiße Bänke zum Verweilen ein.

Neben blühenden Terrassenbeeten sind alte und seltene Bäume zu entdecken, so der Schnurbaum mit seinen gelblich-weißen Blüten und eingeschnürten Hülsenfrüchten, der Lederhülsenbaum, den man an seinen dornigen Zweigen erkennt, und einer der prächtigsten Ginkgobäume der Saalestadt.

Auf den Römerberg zu steigen, wird mit dem viel gerühmten Blick auf die Saale und den Giebichenstein belohnt. Hier war einst eine Kultstätte der Slawen und Germanen. Der Name „Giebich" stammt aus germanischer Zeit und bedeutet „Geber", womit der Göttervater Wotan gemeint ist. Namentlich erwähnt wurde die Burg am Giebichenstein erstmals in einer Schenkungsurkunde aus dem Jahr 961. Otto I., der ein Jahr später römisch-deutscher Kaiser wurde und 973 in Memleben starb, vermachte dem Moritzkloster in Magdeburg das Gebiet Neletici, zu dem die Burg Giebichenstein und eine Salzquelle gehörten. Von der Bedeutung des Standorts spricht auch die Anwesenheit Heinrichs IV. im Jahr 1064 und das Einberufen der Fürstenversammlung auf die Burg im Jahr 1157 durch Friedrich I., genannt Barbarossa, zur Planung der Ostexpansion. Jene sogenannte

„Alte Burg" soll sich auf dem Gelände des Römerbergs und heutigen Amtsgartens befunden haben. Im 12. Jahrhundert ließen die Erzbischöfe von Magdeburg eine neue Burg errichten mit einem prachtvollen Palas, einem Wohnturm und einer Kapelle. Die Unterburg entstand im 15. Jahrhundert. Von hier aus wurde der erzbischöfliche Grundbesitz des Saaleterritoriums durch das Amt Giebichenstein verwaltet. Am Fuß der Burg lag das gleichnamige Dorf, das im Jahr 1400 22 Höfe besaß und häufig durch die Fehden zwischen den erzbischöflichen Machthabern und der Stadt Halle Schaden nahm. So plünderten 1408 bewaffnete hallesche Bürger den Weinberg des Erzbischofs am Reilsberg. 1422 bis 1435 spitzten Plünderungen unter dem Burghauptmann Ulrich Kotze auf dem Gebiet der Saalestadt die Lage zu, welche die Hallenser wiederum mit Gewalt beantworteten.

1478 wurde die Stadt Halle von den Truppen des Magdeburger Erzbischofs Ernst von Sachsen erobert und kam so unter die Verwaltung des Erzstifts. „Um die Stadt besser in Gehorsam, Unterwürfigkeit und Ruhe zu erhalten", heißt es im Beschluss des Calber Landtags von 1479, ließ der Erzbischof die Moritzburg bauen. Ab 1503 war sie die bevorzugte Residenz der Erzbischöfe, Amt und Verwaltung blieben aber auf der Burg Giebichenstein. Zu den Aufgaben des bestellten Amtmanns

gehörten das Einnehmen der Zölle, der Geleitgel-
der, Renten und Zinsen, die Rekrutierung für den
Kriegsdienst und die Gerichtsbarkeit. Im Dreißig-

jährigen Krieg wurde die Burg teilweise zerstört.
Heute befinden sich Werkstätten und Ateliers der
halleschen Kunsthochschule in der Unterburg.

DIE KLAUSBERGE

Fünfzehn bis zwanzig Meter über dem Niveau der
Saale erheben sich am Ufer zwischen Saalepromenade und Trotha die bewaldeten Klausberge. Die
Aussichtspunkte und eine berauschende Fliederblüte im Mai locken Spaziergänger auf das Porphyrmassiv, dessen seltene Abgeschiedenheit eine
Großstadt um sich herum nicht vermuten lässt.
Das etwa 4,9 Hektar große, rötliche Bergmassiv besteht aus Oberem Halleschen Porphyr, der
im Gegensatz zum Unteren Halleschen Porphyr
wegen seiner Festigkeit für Fassaden und Straßenpflaster verwendet werden kann. Bereits im
12. Jahrhundert zerklüftete ein Steinbruch, den das
Kloster Neuwerk betrieb, im Norden das Gelände.
Im 13. Jahrhundert hatten sich am Südhang der
Felsen Mönche niedergelassen und eine Kapelle
errichtet, die „Giebichensteiner Klus", welche namensgebend für die Berge war.
Breite Treppen führen den Halsbrecherfelsen hinauf, der früher weit in die Saale hineinreichte und

1850 zum Teil gesprengt wurde, um das Flussbett
zu erweitern. Bevor der Verschönerungsverein
1871 begann, die Klausberge mit Bäumen und anderen Pflanzungen zu bereichern, muss man sich
das Felsmassiv als kahl, lediglich von einigen Sträuchern bewachsen, vorstellen. 1899 wurde hier der
Platz gefunden, um dem Dichter Freiherr Joseph
von Eichendorff ein Denkmal zu setzen.
Der aus Schlesien stammende Lyriker hatte 1805
bis 1806 in Halle Jura studiert und einige Vorlesungen in den Geisteswissenschaften besucht.
Die Tagebuchaufzeichnungen des 17-Jährigen verraten uns, dass die Bürger der Stadt den Hut vor
den darüber sehr verwunderten Studenten zogen.
Die Halloren aber grüßten auf gleicher Augenhöhe
mit „Prosit Fuchs", das Hutziehen unterblieb auf
beiden Seiten. Eichendorff nannte sie „Schwäger,
Dutzbrüder und immer gute Freunde aller Studenten", erkennbar an ihrer altfränkischen Bekleidung
und auch daran, „dass sie den Kopf ganz kahl, und

Die Bootsanlegestellen am Fuß des Giebichensteins

Die Klausberge

Blick auf den Halsbrecherfelsen

nur über den Ohren zwei Büschel langer Haare, und statt dem Hute meistens ein quadratähnliches Käppchen von Stroh tragen".

Es war die Zeit der Landsmannschaften und des Brüllens von Burschenliedern, die Zeit der Scherben von Flaschen und Gläsern auf dem Pflaster unter dem Rathaus durch betrunkene Randalierer und zu hoher Getreidepreise. Halle zählte in jener Zeit etwa 16 000 Einwohner. Nach der Niederlage Preußens in der Schlacht bei Jena und Auerstedt 1806 ließ Napoleon die Friedrichs-Universität der Stadt schließen. Ihr Hauptgebäude, die Ratswaage, wurde Lazarett.

Der Aufenthalt hier war ein kurzes Glück, das Eichendorff noch einmal heraufbeschwor in dem Gedicht „Bei Halle", welches die „fröhliche Saale" erinnerte und ihn sagen ließ: „Und seitdem in allen Landen / Sah ich nimmer die Welt so schön!" Das Eichendorff-Denkmal besteht aus einem Obelisken, der die ersten Strophen des Gedichts festhält und an den sich links und rechts Steinbänke anschließen. Von dieser Anhöhe aus bietet sich ein schöner Blick in das Saaletal.

Die Treppen wieder hinab, von Kleinen Füchsen umflattert, gelangt man zu der bei Hochwasser schwer zugänglichen Jahnhöhle am Fluss, in welcher sich Friedrich Ludwig Jahn während seiner Studentenzeit um 1800 verborgen haben soll. Und

Am Amselgrund

noch etwas rufen die Klausberge einem ins Gedächtnis: die Sage vom Schäfer und dem Unglück
der Nixen.

Der Mann spielte abends am Ufer auf der Schal-
mei und die Flussjungfrauen tanzten fröhlich zu
seinen Melodien. Doch sie verschwanden immer,
wenn die Uhr elf schlug. Eines Tages überkam
ihn die Lust, den Nixen einen Streich zu spielen.
Er stellte die Kirchuhr zurück, und als es Abend
wurde, lockte er sie wieder mit seiner Musik zu
sich.

Die ausgelassenen Wasserwesen verpassten wegen ihm den rechten Zeitpunkt und plötzlich
waren sie verschwunden. Zugleich vernahm der
Schäfer ein Jammern und Weinen aus der Tiefe,
sodass er entsetzt nach Hause lief. Er konnte aber
keinen Schlaf finden und eilte früh am Morgen an
den Fluss zurück. Dort fand er nichts, was ihn trös-
ten konnte. An jenem Abend legte sich der Mann
nieder und starb wenig später. Denn wer das Weh-
geschrei von Nixen mit anhören musste, dem zer-
sprang das Herz, erzählt die Sage.

IN REICHARDTS GARTEN

Unweit vom Flussufer überquert man die Seebener
Straße und findet eine Landschaft, in der noch im-
mer Einflüsse von Musikalität und romantischem
Erfindungsgeist spürbar sind. Die Wiesen des
drei Hektar umfassenden Parks steigen in feinen
Schwüngen die Hänge bis zur Friedensstraße hin-
auf, als folgten sie den weichen Bewegungen eines
Dirigenten. Von Efeu umschlungene Bäume setzen
tiefe, raumfüllende Akzente und erinnern damit an
Bassfiguren einer sinfonischen Komposition.

Zur Wittekindstraße und dem ehemaligen Solbad hin greift ein Pfad in der Perspektive weit

aus. Den „Oberschmelzer", das Haus Nr. 1e in der
Friedensstraße auf der Anhöhe, verdeckt dagegen
das dichte Laub der Zweige. Französischer Ahorn,
Urweltmammutbaum und der herzblättrige Trom-
petenbaum mit seinen bohnenförmigen, langen
Früchten wachsen hier. Vom Grün hebt sich son-
nig Gelber Lerchensporn ab, der durch eine lange Blütezeit erfreut. Und ab Februar bricht der
zarte, violett blühende Tommasini-Krokus durch
den Schnee, der auch als Elfenkrokus bekannt ist.
Schmale Treppen über einer Grotte, der reichardtsche Steintisch und die Tafel mit Goethes Versen

an die Nachtigall sind Zeugnisse einer vor allem durch die Literatur- und Kunstgeschichte bewahrten Zeit. Als „Giebichensteiner Dichterparadies" zog der Garten einst berühmte Schriftsteller und Gelehrte an.

Bevor Johann Friedrich Reichardt das Grundstück erwarb, war es ein Landgut, das bis an die Seebener Straße reichte. Damals wurde die Straße von den Wänden der sich gegenüberliegenden Häuser eingeschnürt. Zum Gut gab es aber eine breite Einfahrt durch ein Holztor mit großen Flügeln. Rechter Hand lag eine Scheune, links befand sich das Wohnhaus mit gewalmtem Ziegeldach, auf das hohe Bäume ihren Schatten warfen. Ein Obst- und Gemüsegarten mit rechteckigen Beeten, welche Johannis- und Stachelbeersträucher einfassten, schloss den Hof nach Nordosten ab. Zwischen den Ställen und dem Brunnen flogen Tauben, liefen Hühner und Enten umher, Laubengänge führten an den Seiten entlang. Ein Idyll, das dem Komponisten und königlich-preußischen Kapellmeister Reichardt gefiel, als er es sah.

In Giebichenstein nannte man den Wirtschaftshof lange nur „das Kloster". Vermutlich gehörte er einst zum Kloster Neuwerk und kam später in Privatbesitz. Als Kramersches Kossatengut zeigt ihn ein Kupferstich Johann Christoph von Dreyhaupts 1750. Reichardt mietete sich 1791 hier ein und erwarb den Besitz wenige Jahre später mit dem Geld der Fürstin Luise von Anhalt-Dessau, seiner Gönnerin. Er ließ einen Park nach englischem Vorbild anlegen, mit einem sonnenbeschienenen Talgarten und weiten Wiesen sowie den für die Anzucht von Stauden und Gehölzen vorteilhaften Berggarten. Um 1800 wurde die Anlage fertiggestellt. Den Idealvorstellungen Rousseaus folgend, war jeder barocke Schmuck vermieden worden, sie sollte allein dem reinen Naturerleben gewidmet sein.

Eine Vielzahl europäischer und nordamerikanischer Laub- und Nadelbäume wuchs in ihr heran, ebenso Blütensträucher und Rosen. Kleine Anhöhen und Talgründe verliehen dem Areal seinen Reiz. Unbejagt lebten hier nach der Weisung des Hausherrn Rebhühner und Hasen inmitten der Sommerblumen- und Gemüsebeete. Und in den Gebüschen nisteten viele Nachtigallen. Auch eine Maulbeerplantage soll sich auf dem Gelände befunden haben. In kürzester Zeit wurde das Anwesen zum Sammelpunkt für Schöngeister der Klassik und aufblühenden Romantik. Johann Wolfgang von Goethe, der oft von Bad Lauchstädt herüberkam, Achim von Arnim, Clemens Brentano und Novalis lauschten hier an warmen Abenden dem Gesang der schönen Töchter Reichardts.

Ebenso wie Ludwig Tieck, Jean Paul, Johann Heinrich Voß und Wilhelm Grimm war auch der Stu-

Weg zum ehemaligen Solbad Wittekind

Aufstieg zu den Porphyrtreppen in Reichardts Garten

dent Joseph von Eichendorff hier zu Gast und schrieb darüber später, noch immer hingerissen von der Erinnerung, dass viele Besucher den Garten und den Gesang der reizenden Mädchen als „völlig mystisch" empfunden haben. „Dort aus den geheimnisvollen Bosketts schallten oft in lauen Sommernächten, wie von einer unnahbaren Zauberinsel, Gesang und Gitarrenklänge herüber: und ... mancher Poet blickte da vergeblich durch das Gittertor oder saß auf der Gartenmauer zwischen den blühenden Zweigen die halbe Nacht, künftige Romane vorausträumend."

Der Freundeskreis hatte auch erheblichen Einfluss auf die Entstehung der romantischen Liedersammlung „Des Knaben Wunderhorn", die Arnim und Brentano gemeinsam veröffentlichten. Schon als hallescher Student der Rechtswissenschaft sammelte Arnim 1798 bis 1800 volkstümliche Melodien wie die Gesänge der Halloren und die Familie des Kapellmeisters unterstützte ihn dabei, wo sie konnte.

Musik und Natur bildeten für Reichardt ein unteilbares Ganzes. Selbst seinem Kutscher und anderen Bediensteten ließ er Musikunterricht geben, sodass sie auf dem Waldhorn die Gesänge begleiten konnten. Auch war er gern bereit, im Gartensaal auf dem Klavier von ihm komponierte Sonaten und Fantasien vorzutragen. Goethe soll die wohl-

gebildete Tenorstimme des Musikers geschätzt haben und dessen Töchter galten den Gästen als „Gesangs-Göttinnen, die den Hain bewohnen", erinnerte sich Tieck, der die Schwägerin Reichardts heiratete.

Mit dem Sieg der Franzosen über Preußen 1806 kam jäh das Ende für die „Herberge der Romantik". Die Freunde waren zersprengt durch die Wirren des Krieges und der Komponist musste vor der anrückenden napoleonischen Armee flüchten. Als er nach Giebichenstein zurückkehrte, fand er sein Gut verwüstet vor. Die glücklichen Tage waren vorüber und 1814 verstarb der gastfreundliche Mann, dessen verschuldeter Besitz bald danach vom Amtmann August Ludwig Remigius Bartels ersteigert wurde.

Der Geheime Justizrat Friedrich August Schmelzer kaufte das Grundstück 1824. Er nutzte das später „Unterschmelzer" genannte reichardtsche Wohnhaus, bis er 1839 auf dem alten Schlippenberg seine neue Villa erbauen ließ, den sogenannten „Oberschmelzer". Von seiner Tochter erzählt die Legende, dass ihr Haar über Nacht silberweiß geworden sei, wegen eines Einbrechers, den sie aber trotz des großen Schreckens nicht mit dem Tafelsilber entkommen ließ.

Der Stadtrat Ludwig Wucherer erwarb 1844 das Land und die Gebäude für die Badegäste des Solbades Wittekind. Die Stadt Halle übernahm 1902 den Besitz und öffnete den Park für ihre Bürger. Durch den Abriss des „Unterschmelzers" wurde die Seebener Straße verbreitert und es entstand ein Spielplatz, den man mit Platanen bepflanzte. Das Gelände erhielt um 1913 eine neue Einfriedung. In der denkmalgeschützten Landschaft pflanzen seit Reichardts 250. Geburtstag im Jahr 2002 die Gärtner blau blühende Blumen und Stauden und spielen so auf die Bedeutung des Parks für die Romantik an.

DER GERTRAUDENFRIEDHOF

Aus Reichardts Garten führt der Weg am ehemaligen Solbad Wittekind mit seinem kleinen, verwilderten Park vorbei und den von Bäumen gesäumten Landrain entlang, der bis hinter die Frohe Zukunft zum Goldberg reicht. Am Eingang des Gertraudenfriedhofs empfängt ein staubfarbenes Geviert den Besucher, das nur durch bunte Gießkannen belebt wird, welche an hohen Stangen zusammengeschlossen sind und wie Materialskulpturen wirken. Hinter der mit schwarzen Ziegeln gedeckten Friedhofsmauer beginnt eine vollkommen beruhigte Welt.

Der größte Friedhof von Halle wurde nach dem ehemaligen Gottesacker der Pfarrkirche St. Gertruden benannt, welcher dem Umbau des Marktes und der Marktkirche im 16. Jahrhundert weichen musste. Ab 1903 kaufte die Stadt Flächen für die Friedhofsanlage zwischen dem Landrain und der

Dessauer Straße. Der Baubeginn war 1912. Da man schon ab anderthalb Metern Tiefe auf Grundwasser stieß, musste das Gelände aufwendig entwässert werden. Mit dem Bau des Krematoriums und der Aussegnungshalle wurde 1913 begonnen. Die Gebäude sind im neoklassizistischen Stil gehalten, den neoromanische Elemente akzentuieren. Überdachte Säulengänge erstrecken sich links und rechts der Kapelle, von deren erhöhtem Vorplatz aus der Blick auf ein großes rechteckiges Wasserbecken fällt, das hohe Pappeln umstehen.

1914 wurde die Kapelle fertiggestellt und der hallesche Maler Karl Völker erhielt den Auftrag, ihre Innenkuppel auszugestalten. Er schuf Fresken, die einen Kranz von 16 Engeln zwischen den Rundbogenfenstern der Kuppel und in deren Zentrum einen Licht- und Feuerbringer zeigen. Der Bestand von über 4 000 Bäumen auf der 47 Hektar

Pappelreihen auf dem Gertraudenfriedhof

Die Aussegnungshalle

Eine Seitenallee des Gertraudenfriedhofes

Stillleben mit Gießkannen

großen Friedhofsfläche, die zahlreichen, mitunter wertvollen Brunnen in den Alleen und weitere plastische Kunstwerke geben dem Gertraudenfriedhof etwas Unverwechselbares. Besonders sehenswert sind die Totentanz-Darstellungen, von denen der Friedhof gleich drei besitzt: die Säulenreliefs von Paul Horn auf dem Vorplatz der Kapelle aus dem Jahre 1917, das Kalksandsteinrelief „Passion" von Herbert Volwahsen aus dem Jahr 1949, nahe bei der Einfahrt am Bergschenkenweg, und die große Skulpturengruppe der „Endlosen Straße" von Richard Horn aus dem Jahr 1980.

In einem gesonderten Areal liegt der 1929 geweihte jüdische Friedhof, auf dem ein Denkmalfeld mittelalterlicher Gräber zu finden ist. Es entstand aus jüdischen Grabmalen, die nach Auflösung der Begräbnisstätte an der Stadtgottesackerstraße hierher gebracht wurden, wo das Berg-Weidenröschen seine purpurrosa Blüten im Sommer entfaltet und die Blätter der Süßen Wolfsmilch sich im Herbst orangerot färben.

DIE GALGENBERGE

Kleiner und Großer Galgenberg nennt man die schroffen, teils bewaldeten Porphyrfelsen am Landrain westlich vom Gertraudenfriedhof. Jährlich kommen etwa 4 000 Besucher in die Schlucht am Großen Galgenberg, um beim Abschlusskonzert der Händelfestspiele die berühmte Feuerwerksmusik zu hören.

Der Kleine Galgenberg hieß einst „Wartberg", da sich auf seinem Gipfel eine Warte des Amtes Giebichenstein befand. 1470 erwähnte eine Beschreibung der Grenzlinie zwischen dem Jagdgehege der Magdeburger Erzbischöfe und dem der Pfänner-

schaft den Berg als markanten Punkt. Der Weg entlang dieser Grenze zwischen Neumarkt, Wartberg und Goldberg wurde später der Landrain. Auf dem Gelände des ehemaligen Steinbruchs am Kleinen Galgenberg ließ die Stadt Halle im 20. Jahrhundert einen Spielplatz errichten.

An der Stadtgärtnerei vorbei kommt man zum Großen Galgenberg. Er ist mit 136 Meter über NN die höchste Erhebung in der Saalestadt und war jahrhundertelang Schauplatz für das Hochgericht des Amtes Giebichenstein. Hier befand sich die Galgenstatt, der Überlieferung nach bei den

Parkanlagen auf der Westseite. Allein von 1650 bis 1750 wurden hier 42 Hinrichtungen vollzogen. Den Berg nannte man auch Kreuzberg. Als bei den Galgenbergen 1798 die neue Magdeburger Chaussee angelegt wurde, entfernte man den Galgen.

Der Steinbruchbetrieb, welcher den mittleren Teil des Großen Galgenbergs bis auf die Bergsohle ausgehöhlt hatte, schloss 1903. Der hallesche Verschönerungsverein begann, das Gelände zu sichern und neu zu bepflanzen. In der durch den Steinbruch entstandenen Schlucht füllte man Spalten und Löcher auf und ebnete den Boden ein. Dann schuf man die Wegführungen bis zum Aussichtsplatz auf dem höchsten Punkt der Galgenberge. Eiserne Weggeländer boten sicheren Halt auf den Felsenhöhen.

Seit 1995 steht das 17,4 Hektar umfassende Gebiet unter Schutz. Schon von Weitem leuchten die weißen Blüten der Bibernellblättrigen Rose sowie die karminroten der seltenen Zimtrose.

DER FORSTWERDER

Der Forstwerder ist eine kleine Saaleinsel vor Trotha. Im Volksmund heißt das grüne Eiland auch „Schleuseninsel", weil sich hier die über 300 Jahre alte Trothaer Schleuse befindet. Heute erreicht man das elf Hektar große Naturschutzgebiet über eine kühn geschwungene Fußgängerbrücke, die wegen ihres schönen Bogens auch die „Katzenbuckelbrücke" genannt wird.

Lange Zeit wurde das vom Fluss und dem Mühlgraben begrenzte Wald- und Wiesengebiet für die Fasanenjagd genutzt. Im frühen Mittelalter war die Insel für die Bewohner des Dorfes Trotha ein Zufluchtsort und um 1372 wurde sie das Lehen der Herren von Trotha. In den Besitz des Klosters Neuwerk kam sie 1455. Man ließ auf ihr Obstbäume anpflanzen und der Müller der Klostermühle wurde beauftragt, den Garten zu bewirtschaften. Er bekam als Lohn dafür ein Drittel des geernteten Obstes.

Schon im 12. Jahrhundert betrieben die Mönche vom Neuwerk eine Mühle auf dem Trothaer Ufer. 1172 erhielten sie den Steinbruch am Nordhang der Klausberge für die Herstellung der Mühlsteine. Als die Müller des Klosters sich im 15. Jahrhundert zu einer Laienbruderschaft zusammenschlossen und dafür mit erweiterten Privilegien ausgestat-

Anhöhe des Kleinen Galgenberges

Der Spielplatz am Kleinen Galgenberg

Die Katzenbuckelbrücke

Kleiner Strand am Forstwerder

Aufstieg zum Ochsenberg

tet wurden – wie etwa dem, auf dem Friedhof an gleicher Stelle wie die Geistlichen bestattet zu werden –, hatte sich das Verhältnis zu ihren Auftraggebern bereits erheblich gewandelt. Sie waren Pächter, sammelten den Zehnten für das Kloster ein und nahmen für ihre Dienste die dritte Metze (gemeint ist ein altes Hohlmaß für Korn) von allem Getreide ein, das zur Mühle gebracht wurde.

Von ihrem Reichtum berichtet eine Legende: Allmählich ging die Mühle in das Eigentum des Müllers über. Er gewann so viel, dass er nicht Getreide, sondern Silber zu mahlen schien. Darum wurde er von allen nur noch der Silbermüller von Trotha genannt.

Im 18. Jahrhundert entdeckten die Studenten den Forstwerder als Ausflugsort, hier konnten sie ganz ungestört und von Bäumen und Büschen verbor-

gen die nötigen Fechtduelle austragen. Zu dieser Zeit erhielt die Insel den Namen „Elysium" oder „Insel der Seligen". Später unternahmen die halleschen Familien ihre sonntäglichen Wasserpartien zur Insel, um sich im Grünen auszuruhen und den mitgebrachten Kaffee und Kuchen zu genießen.

Saaleabwärts verengte bis 1874 der Nixstein den Fluss. Diese felsige Landzunge musste beim Schleusenumbau in den Jahren 1873 bis 1875 gesprengt werden. Die Schleuse war 1694 in der Regierungszeit des brandenburgischen Kurfürsten Friedrich III. angelegt worden. Sie wurde mehrfach umgebaut und erreichte schließlich eine Breite von sechs Metern, sodass auch die großen Saalekähne sie passieren konnten. Der Nixstein bildete früher die Trothaer Furt, die man „Habichtsport" nannte.

DER OCHSENBERG UND DER SAALWERDER

Hier hinauf geht es nur mit ein wenig Anstrengung, die kegelförmige, spärlich von Gebüsch und Bäumen bewachsene Felskuppe überragt die darunter hinfließende Saale um 54 Meter. Insgesamt hat der Ochsenberg, an dessen Hang die Mondraute wurzelt, ein seltener Farn mit

mondsichelförmigen Blattfiedern, eine Höhe von 120 Meter über NN. Sein Name ist eine nicht ungebräuchliche Ortsbezeichnung, im Niederdeutschen heißt es „Ossenberg". Wahrscheinlich besteht eine Verwandtschaft zum altnordischen „Asenberg" und bezeichnet ihn

als Sitz der Götter. So gesehen wäre sein Name „Götterberg".

Im Nordwesten liegt der Donnersberg mit seinen vielen Gärten, die bis an den Abhang zur Saale reichen. Man hielt dort früher das alte Landgericht, das „Landding" ab, was dem Fischerort Kröllwitz im weiten Umland Ansehen verlieh. Klagen, über die es etwa vom Schöffengericht der Stadt Halle ein Urteil gab, konnten auf dem „Landding" erneut vorgebracht und nochmals entschieden werden.

Seit dem Mittelalter gab es eine Fährverbindung von Giebichenstein nach Kröllwitz, die noch bis 1870 betrieben wurde. Nach der Aufgabe der Dennerschen Mühlen an den Pulverweiden erbaute der Trothaer Müller Zacharias Kermes 1715 bis 1716 eine Papiermühle auf dem Kröllwitzer Ufer. Es war der Beginn der Papierherstellung im Ort, der sich zu einem bedeutenden Papierindustriezentrum Deutschlands entwickelte.

Ende des 18. und Anfang des 19. Jahrhunderts war die romantische Jugend fasziniert von der westlichen Uferseite und dem Ochsenberg. „An dem jenseitigen Ufer das Dorf Krellwitz, das an der Saale liegt, in der reizendsten Lage; in einiger Entfernung rechts die Spitzen der über die Berge hervorragenden ... Papiermühle, von deren gastfreiem Bewohner und göttlich schöner Gegend ich Ihnen in unseren nächsten Winterabenden erzäh-

Blick vom Ochsenberg nach Südosten

Nördlicher Forstwerder

Der Saalwerder

len werde", schrieb 1794 David Gottfried Herzog. Und Joseph von Eichendorff pries in seinem Tagebuch 1806 die „Aussicht bis auf den Brocken vom Ochsenhaupte …"

Weiter flussab erreicht man nach etwa einem Kilometer Fußweg den Saalwerder, der einmal eine Insel war und „St. Paulswerder" hieß. Hier wiegt der Wind das Wiesenschaumkraut und Aurorafalter flattern über die Gräser. Wo einst ein Wasserarm ihn vom Festland trennte, verläuft heute noch ein Graben, der in die Saale mündet. Da befindet sich eine kleine Höhle im Felsen, das „Schwalchloch", welches auch „Teufelsküche" genannt wurde. Schiffsleute und Fischer aus den Dörfern ringsum opferten hier dem Saalelfen oder Saalaffen am Weißen Sonntag, dem Sonntag nach Ostern, für gute Fahrt und reichen Fang, erzählt eine Sage.

Ab 1870 überspannten rasch abwechselnde Brückenkonstruktionen die Saale und bald fuhr die Straßenbahn an der Burg Giebichenstein vorüber und bis zum Fuß des Bergschenken-Berges. Die inzwischen über 200 Jahre alte Bergschenke über dem Amselgrund ist bis heute ein beliebtes Gartenlokal der Hallenser. Die Eingemeindung im Jahr 1900 brachte weitere Wachstumsimpulse, es wurden Villenviertel an der Talstraße und auf dem Bergrücken über dem Amselgrund am Hohen Weg erschlossen.

1926 bis 1928 errichtete man die Stahlbetonbrücke mit den beiden großen Tierplastiken des Bildhauers Gerhard Marcks, einer Kuh auf der Kröllwitzer Seite und einem Pferd am Giebichenstein. Die Brücke ist seither eine wichtige Flussquerung in Halle.

DIE DÖLAUER HEIDE

Durch das Naturschutzgebiet Brandberge, welches Kreuzkröte und Ringelnatter bewohnen und wo auf den Porphyrhügeln die stark gefährdete, Licht liebende Kuhschelle wächst, gelangt man vom Saalwerder zur Dölauer Heide, die auch „Stadtwald" genannt wird. Sie ist mit einer Gesamtfläche von

740 Hektar das größte Waldgebiet Halles und reicht weit über die Stadtgrenzen hinaus bis in den Saalkreis. Ein Plateaurücken durchzieht die Heide und überragt die Umgebung um mehr als zwanzig Meter. Auf den Hochflächen der unter Schutz gestellten Landschaft, wie der Bischofswiese und dem Lan-

gen Berg, fand man Siedlungsspuren verschiedener Kulturen. Reste steinzeitlicher Befestigungsanlagen und zahlreiche Hügelgräber belegen, dass bereits 3 500 bis 3 000 Jahre vor Beginn der Zeitrechnung Menschen in der Heide lebten. Einige der Grabhügel wurden nach den Ausgrabungen offen gelassen, sodass man auf einem Spaziergang Steinkisten- und Steinpackungsgräber betrachten kann.

Seit dem Mittelalter als Holzeinschlaggebiet für den Salinebetrieb und vom Bauhandwerk genutzt, wurde die Heide im 18. Jahrhundert auch für den Bergbau erschlossen. Man grub nach Stein- und Braunkohle und baute Kaolin ab. Aus dieser Zeit stammt der Heidesee bei Nietleben am Südrand des „Stadtwaldes". Er ist etwa einen Kilometer lang und im Durchschnitt 300 Meter breit. In dem beliebten Badesee mit schönen Stränden wird traditionell auch zu Neujahr gebadet.

Den Schwedenweg entlang kommt man zum Heidefriedhof, wo unter der preußischen Regierung die namenlosen Toten und Selbstmörder beerdigt wurden. Neben dem Friedhof befindet sich die Schwedenschanze aus dem Dreißigjährigen Krieg. Der Name der nahe gelegenen Wolfsschlucht führt in eine Zeit zurück, als der „Stadtwald" zum Schutz gegen Wölfe noch mit Waffen betreten wurde. So begleiteten im 16. Jahrhundert der

Dölauer und der Nietlebener Küster mit Spießen bewaffnet den Lettiner Pfarrer, der seines Amtes wegen oft durch den Wald gehen musste. Zum Lohn dafür erhielten die beiden die sogenannten „Wolfsbrote".

Wer konnte, umging damals lieber im weiten Bogen die Dölauer Heide. Und während rauer Novemberabende erinnerten sich die Menschen in ihren Stuben an die Sage vom Wilden Jäger: einem Reiter ohne Kopf, der auf seinem herrlichen Schimmel, begleitet von einem Rudel Hunde, durch die Heide stürmte. Wenn man seinen Weg kreuzte, warf man sich schnell auf die Erde. Denn wer den Wilden Jäger ansah, dem wuchs ein Buckel oder ihm wurde, falls er den Anblick überlebte, der Kopf um 180 Grad verdreht.

Im Laufe des 19. Jahrhunderts begannen die Hallenser, den Wald als Ausflugsgebiet zu entdecken. Vor allem Himmelfahrts- und Pfingstausflüge erfreuten sich großer Beliebtheit. Nach und nach eröffneten an den Heiderändern Gartenlokale wie der Waldkater, der Heidekrug und Knolls Hütte. Wintermild und niederschlagsarm zieht die Landschaft der Dölauer Heide die Menschen an, die sie zu Fuß, auf dem Pferd oder mit dem Fahrrad erkunden.

Traubeneichen, Hainbuchen und Winterlinden gehören zum ursprünglichen Baumbestand des

Der Kolkturmweg in der Dölauer Heide

Auf dem Hallweg

Waldes. Ahorn, Robinien, Stieleichen, Waldkiefern, Rot- und Weißbuchen wurden neu angepflanzt. Waldmeisterduft steigt in die Nase, der Europäische Siebenstern mit seiner weißen Blüte entzückt am Wolfsschluchtweg und die gefährdete Siegmarswurz, eine Malvenart, blüht vom Juni bis in den Herbst an der Bischofswiese. Es gibt etwa 600 Pilzarten im „Stadtwald". Rehe, Füchse und Eichhörnchen kann man in der Heide antreffen. Und die Vogelartenvielfalt wird nur noch von den Auenwäldern an der unteren Weißen Elster und im halleschen Saaletal übertroffen.

Vom höchsten Punkt, der Aussichtsplattform des Kolkturmes, geht der Blick über das Blätterdach der Heide in die Saalestadt Halle und den Saalkreis. Der stählerne Turm wurde auf dem 133 Meter hohen Kolkturmberg erbaut. Und es kommt einem die Sage vom Heideschatz in den Sinn, der niemals gehoben wurde. Ein Erzbischof von Magdeburg soll ihn bei der Bischofswiese vergraben haben.

Hier spielten Christoph und ich, als einziges Mädchen mit seinen Freunden „Räuber und Gendarm" (bis die Russen kamen)

Blick über die Dölauer Heide auf Halle

125

QUELLENVERZEICHNIS

AICHELE, DIETMAR: Was blüht denn da? Wildwachsende Blütenpflanzen Mitteleuropas, Stuttgart 1986.

DREYHAUPT, JOHANN CHRISTOPH VON: Pagus Neletici et Nudzici, Oder Ausführliche diplomatisch-historische Beschreibung des zum ehemaligen Primat und Ertz-Stifft, nunmehr aber durch den westphälischen Friedens-Schluß secularisirten Hertzogthum Magdeburg gehörigen Saal-Creyses, Und aller darinnen befindlichen Städte, Schlösser, Aemter, Rittergüter, adelichen Familien, Kirchen, Clöster, Pfarren und Dörffer, Insonderheit der Städte Halle, Neumarckt, Glaucha … etc., Erster und Zweiter Theil, Halle 1749/1750.

EICHENDORFF, JOSEPH FREIHERR VON: Das Hallesche Tagebuch. Das Studentenleben in Halle Anfang des 19. Jahrhunderts, Halle 2007.
— Eichendorffs Werke in einem Band, ausgew. u. eingel. von Manfred Häckel, Berlin/Weimar 1967.

HERZOG, DAVID GOTTFRIED: Briefe zur nähern Kenntniß von Halle. Von einem unpartheiischen Beobachter, Halle 1794.

LANDESAMT FÜR UMWELTSCHUTZ SACHSEN-ANHALT: Rote Liste der Farn- und Blütenpflanzen (Pteridophyta et Spermatophyta) des Landes Sachsen-Anhalt, 2004.
— Rote Liste der Lurche (Amphibia) und Kriechtiere (Reptilia) des Landes Sachsen-Anhalt, 2004.
— Rote Liste der Säugetiere (Mammalia) des Landes Sachsen-Anhalt, 2004.
— Rote Liste der Vögel (Aves) des Landes Sachsen-Anhalt, 2004.

LEMMER, MANFRED: Der Saalaffe, Sagen aus Halle und Umgebung, Halle 1989.

REGIERUNGSPRÄSIDIUM HALLE: Rechtsverordnung über die Festsetzung des NSG „Brandberge", Stadt Halle, 1995.
— Rechtsverordnung des Regierungspräsidiums Halle über das NSG „Abtei und Saaleaue bei Planena", 2003.
— Verordnung der Bezirksregierung Halle über die Festsetzung des NSG „Nordspitze Peißnitz", Stadt Halle, 1993.
— Verordnung des Regierungspräsidiums Halle über die Festsetzung des NSG „Rabeninsel und Saaleaue bei Böllberg", Kreisfreie Stadt Halle, 1996.
— Verordnung zur Festsetzung des NSG "Forstwerder", Stadt Halle, 1998.
— Verordnung zur Festsetzung des NSG „Pfingstanger bei Wörmlitz", Stadt Halle, Landkreis Saalkreis, 1998.
— Verordnung zur Festsetzung des NSG „Saale-Elster-Aue bei Halle", Stadt Halle, Landkreise Merseburg-Querfurt und Saalkreis, 1998.
— Verordnung zur Festsetzung einer Horstschutzzone im Naturschutzgebiet „Saale-Elster-Aue bei Halle", Landkreise Merseburg-Querfurt und Saalkreis, 2003.

SCHULTZE-GALLÉRA, DR. SIEGMAR BARON VON: Topographie oder Häuser- und Straßen-Geschichte der Stadt Halle a.d. Saale, 1. Band, Halle 1920; 2. Band, Teil 1, Halle 1921, Teil 2, Halle 1923; 3. Band, Halle 1924.
— Die Sagen der Stadt Halle und des Saalkreises, Halle 1922.
— Geschichte der Stadt Halle, 1. Band, Halle 1925; 2. Band, Halle 1929.

— Hallisches Dunkel- und Nachtleben im 18. Jahrhundert, Halle 1930.

STADTVERWALTUNG HALLE: Verordnung über den geschützten Landschaftsbestandteil „Großer und Kleiner Galgenberg", 1995.
— Verordnung über das flächenhafte Naturdenkmal „Klausberge", 1995.
— Verordnung über den geschützten Landschaftsbestandteil „Pulverweiden", 1995.
— Verordnung über das flächenhafte Naturdenkmal "Saaleuferstreifen nördlich Kröllwitz", 1995.
— Verordnung über das flächenhafte Naturdenkmal „Trockenrasen auf dem Ochsenberg", 1995.
— Verordnung über das LSG „Saaletal" in der kreisfreien Stadt Halle (Saale), 2012.
— www.halle.de, Informations- und Pressedienst der Stadt.
— www.umweltatlas.halle.de, interaktiver Umweltatlas der Stadt.

STOLLE, JENS/KLOTZ, STEFAN: Flora der Stadt Halle (Saale). Hallesche Umweltblätter. 5. Sonderheft, Halle 2004.

www.aki-halle.de, Arbeitskreis Innenstadt e.V., Verein für Denkmalpflege und Stadtentwicklung.

www.wikipedia.de, Die freie Enzyklopädie.

Brachwitzer Bach

Morler Bach

Götsche

Hechtgraben

Mühlgraben

Wilde Saale

Mühlgraben

Elisabethsaale

SAALE

Wilde Saale

Hollebener Mühlgraben

Weiße Elster

Gerwische

Steinlache

Laucha

Luppe

UWE JACOBSHAGEN, geb. 1963, lebt und arbeitet in Halle
und Dessau. Seit rund dreißig Jahren ist er als Fotograf tä-
tig. Seine Arbeiten wurden in zahlreichen Ausstellungen in
Deutschland, Europa und Amerika gezeigt und in verschiede-
nen Büchern publiziert. Fotografien von ihm befinden sich in
bedeutenden fotografischen Sammlungen Europas.

PETER TRAUB, geb. 1961 in Berlin, verbrachte Kindheit und
Jugend in Halle (Saale), Studium an der Hochschule für Schau-
spielkunst Berlin/Theater Bautzen, Studium am Literaturinsti-
tut Leipzig, lebt und arbeitet als freiberuflicher Journalist und
Autor in Leipzig.

Umschlagabbildung: Das Kröllwitzer Ufer
Frontispiz: Das Giebichensteiner Ufer

Bibliografische Information der Deutschen Nationalbibliothek
Die Deutsche Nationalbibliothek registriert diese Publikation in der Deutschen Nationalbibliografie;
detaillierte bibliografische Daten im Internet unter http://d-nb.de.

2014
© mdv Mitteldeutscher Verlag GmbH, Halle (Saale)
www.mitteldeutscherverlag.de
Gesamtherstellung: Mitteldeutscher Verlag, Halle (Saale)
Layout und Satz: Stefanie Bader, Leipzig

ISBN 978-3-95462-247-4

Printed in the EU